那些
被神遺忘的
傳奇寶藏

培育文化　益智館 28

那些被神遺忘的傳奇寶藏

編著　吳柏勳

責任編輯　陳文政

內文排版　王國卿

封面設計　林鈺恆

出版者　培育文化事業有限公司

信箱　yungjiuh@ms45.hinet.net

地址　新北市汐止區大同路3段194號9樓之1

電話　（02）8647-3663

傳真　（02）8674-3660

劃撥帳號　18669219

CVS代理　美璟文化有限公司

TEL／(02)27239968

FAX／(02)27239668

總經銷：永續圖書有限公司

永續圖書線上購物網
www.foreverbooks.com.tw

法律顧問　方圓法律事務所　涂成樞律師

出版日期　2019年02月

國家圖書館出版品預行編目資料

那些被神遺忘的傳奇寶藏 / 吳柏勳編著.

-- 初版. -- 新北市：培育文化，民108.02

　面；　公分. -- (益智館；28)

　　ISBN 978-986-96976-6-8 (平裝)

1.世界地理

716　　　　　　　　　　　　107021761

序言

費迪南德・馬可仕是菲律賓前總統，也是世界上最富有的總統。沒有人知道他的財產具體有多少，人們只知道他臨終之前立下口頭遺囑，將價值四十多億美元的黃金「捐獻」給菲律賓人民。

一個小國家的總統怎麼會有這麼多的錢，是貪污所得？還是另有什麼一夜暴富的祕密呢？黃燦燦的金幣和各種珍奇古玩裝了90多只木箱，金剛鑽、紅寶石、綠寶石和藍寶石滿滿的裝進一只鋼箱裡，這批珍寶價值多少，誰也估算不出來。尤其是那只鋼箱的財寶更是價值連城，連珍寶的主人「沙漠之狐」隆美爾，也不清楚這批珍寶的價值究竟有多少。

隆美爾的珍寶到底藏在哪裡？是荒無人跡的撒哈拉沙漠裡的某個山丘，還是巴斯提亞港正對著被炸毀的清

真寺的海底？或是義大利一座寺廟裡？隆美爾不愧被稱之為「沙漠之狐」，他已經死去多年，人們對他的珍寶仍然摸不著頭緒。

戰爭期間，「狼穴」是希特勒的參謀部，一系列祕密的軍事攻擊計劃都是在這裡擬定的，在歐洲各佔領國推行的許多社會施政方案也是在這裡制定的。據傳聞，納粹分子數量驚人的黃金白銀和各種珍寶，也藏在這座神祕的地下金庫裡，這筆財產是為一個神祕的政治目的而準備的。

納粹分子將掠奪來的大量財寶，分割成八大寶藏：希特勒金庫、隆美爾藏寶、墨索里尼東林藏寶、勒色林財寶、福斯希加潛艇藏寶和南太羅的三處藏寶。這八大寶藏，只有希特勒的金庫「狼穴之寶」是一筆推測性的藏寶，因此讓人難辨真假。

拿破崙在敗退時，曾和兩名親信乘著雪橇往西疾馳，其中一個名叫阿‧德‧哥朗格爾。勃可莫羅夫在他的回憶錄中看到這樣一段話：「十一月一日，拿破崙從比亞吉瑪退走。十一月二日，我們來到了薩姆廖玻。第三天，到達斯拉普柯布。在這裡，我們遇到大雪的侵襲……」

哥朗格爾在回憶錄中記載，拿破侖曾經到過薩姆廖玻；斯戈特說，拿破侖把戰利品沉入薩姆廖玻的湖裡。兩者提供的日期和地點完全相符。

　　事隔多年，這些戰利品還仍然在薩姆廖玻湖底嗎？

　　施里曼死後半個世紀，第二次世界大戰爆發，普里阿摩斯寶藏的命運已成為現代考古學的最大祕密之一。

　　「二戰」期間，德國的藝術珍寶全部被藏進地下碉堡。在大戰結束的一片混亂中，取勝的俄國和美國軍隊佔領了德國，許多珍藏品便不翼而飛。名畫、古書、珠寶飾物、古董，以及其他有價值的東西，不是被士兵搶走，就是作為獲勝方的戰利品而被沒收，還有許多珍寶被某些德國人所佔有。在這期間，特洛伊的黃金寶藏神祕失蹤。

　　「二戰」結束時，德國人聲稱，寶藏已在盟軍佔領柏林時被毀掉了，而一時又傳言，前蘇軍曾從德國運走了這批寶藏。那麼寶藏到底在何處呢？

　　20世紀70年代，美茵茨的前市長、工程學博士漢斯·雅各彼，準備向他的前輩施里曼學習，手捧《尼伯龍根之歌》，開始尋夢。

　　雅各彼博士認為史詩始終圍繞著寶藏展開，因此，

寶藏肯定是實有其事的，並不是中世紀的僧侶和行吟詩人們天馬行空所虛構的。日耳曼部落通常在受到危險的時候，把國王的寶藏埋藏起來或扔進河裡。因此史詩裡所說的哈根把它放進洞裡，沉沒在萊茵河裡，是民族的固有習俗。

雅各彼博士相信以前挖掘的那些寶藏，都是其他日耳曼部落東哥特人和西哥特人首領的寶藏，真正的尼伯龍根之寶應該還在萊茵河底。因此，雅各彼博士打算從那裡入手，配備了現代化的科學儀器，諸如探測器、雷達、潛水鏡等設備。雅各彼博士的猜測是否正確呢？世人都在翹首以待。

攝政王后把雷恩堡作為臨時的政府，把一筆國庫巨寶埋藏在當年稱之為「城堡主塔」底下的一個祕密地道，作為她以後需要時的儲備金。

攝政王后死後，臨終前她把這個祕密告訴了兒子聖路易國王。聖路易國王殺死了所有知道這個祕密的人，十分警惕地守衛著這筆巨寶。聖路易國王臨終前把這個祕密告訴了他的繼承人菲利普國王。他也同樣謹慎地守護著這筆財寶，把知道內情者通通處死，只保留了一卷羊皮紙。但是，菲利普還沒有來得及把這個祕密告訴別

人就去世了。一六五四年，人們重建雷達鎮，並改稱為雷恩堡。從此，這筆財寶的真正下落就成了難解的歷史謎團。

財富永遠都屬於達官貴人，他們透過權力和金錢可以得到世上所有的寶物。

這些寶藏不會說話，時間也不會倒流，我們永遠無法回到過去瞭解歷史。在歷史的長河中，有著太多的謎團，遺留著許多不可思議的寶藏祕密。

這本書裡的每一篇寶藏故事，都具有濃重的神祕色彩，這些聰明的藏寶人用盡心思把他們的財寶隱藏起來，製造出眾多的藏寶祕密，後人為了尋找這些寶藏，不惜付出生命的代價。

藏寶故事撲朔迷離，尋寶故事懸疑緊張，不管把這本書翻到任何一頁，都會讀到一段離奇的寶藏故事。

PART 1 戰爭寶藏之謎

P A R T 2 皇室寶藏之謎

Part

1

戰爭寶藏之謎

01 「馬來之虎」寶藏

費迪南德‧馬可仕是菲律賓前總統，也是世界上最富有的總統。沒有人知道他的財產具體有多少，人們只知道他臨終之前立下口頭遺囑，將價值40多億美元的黃金「捐獻」給菲律賓人民。

一個小國家的總統怎麼會有這麼多的錢，貪污所得？還是另有什麼一夜暴富的祕密呢？想揭開這個祕密，還要從「二戰」時期的菲律賓說起。

第二次世界大戰時期，日本東南亞戰區司令，綽號「馬來之虎」的山下奉文，率日軍攻克了泰國、新加坡、馬來西亞和菲律賓。

在佔領東南亞期間，山下奉文為了得到天皇的賞

識，準備向天皇進貢一批珍寶，於是他拚命搜刮東南亞人民的珍寶，聚斂了巨額財富。

戰爭形勢在不斷發生變化，日軍主力部隊遭到盟軍的毀滅性打擊。美軍開始攻打菲律賓時，日軍已經面臨著全軍覆滅的危機。走投無路的山下奉文叫來一些菲律賓人，讓他們把自己的黃金、寶石等珍寶埋藏起來，然後又槍殺了這些埋藏寶藏的菲律賓人，沒留下一個活口。

他繪製了一份到達藏寶地點的路線圖，又把路線圖分成若干份交給親信祕密帶回日本。隨後，山下奉文的軍隊遭到慘敗全軍覆沒，他被盟軍絞死。隨著他的死去，「馬來之虎」的寶藏就成了一個謎案。

費迪南德‧馬可仕在1941年12月太平洋戰爭初期任美軍少尉，是美國遠東軍二十一師情報官，駐守菲律賓。馬可仕在戰爭中跟日本軍官有過不尋常的接觸，很有可能掌握著與「馬來之虎」寶藏有關的資料，戰後他尋找過這批寶藏。

費迪南德‧馬可仕當選菲律賓第六任總統後，立刻組織人暗中挖掘「馬來之虎」的寶藏。

過去數十年，菲律賓流傳著前總統馬可仕挖到「馬來之虎」寶藏的消息。馬可仕對此，時而否認時而肯

定，令人難以探知事實的真相，也使「馬來之虎」寶藏的下落變得更加撲朔迷離。

1970年，菲律賓尋寶協會主席洛塞斯以個人的名義組織了一次尋寶行動。經過八個月的挖掘，在一座山中發現無數具屍骨，估計是被山下奉文滅口的菲律賓人。隨後他又發現了一座高28英吋、重2000磅的金佛，金佛的頭部可以打開，肚子裡藏著鑽石珠寶。洛塞斯將金佛運回家，擺在家裡供親友們觀賞。

洛塞斯挖到藏寶金佛的消息，被馬尼拉各報紛紛報導，記者們為了炒作，說金佛的價值高達2600萬美元，腹中所藏鑽石珠寶的價值更是無法估計。

馬可仕得知這一消息後，讓他做法官的叔叔出面，下令沒收金佛和珠寶，並控告洛塞斯非法藏匿國寶。這樣，金佛就輕而易舉地落入馬可仕手中。

洛塞斯氣憤地來到參議院起訴。參議院召開了金佛聽證會，由洛塞斯陳述，經由電視台向全國直播。但開會時，會場突然被人投進手榴彈，造成9人死亡、96人重傷的大慘案，聽證會被迫結束。

馬可仕為了長期擔任總統職務，強行解散國會並對全國實行軍管，隨後洛塞斯就被拘捕。關押兩年後他聲

明不再追究金佛的下落，這才獲得釋放，出獄後便移居美國。

1986年2月，柯拉蓉·艾奎諾夫人被菲律賓人們選為總統，她順從民意準備審查獨裁者的罪行時，馬可仕和家人正逃往美國夏威夷。經過海關時，他們攜帶的大量金銀財寶被海關官員扣留，這些財寶包括數百萬美鈔、若干金條和無數鑽石珠寶。

馬可仕倉皇出逃，總統府裡關於他出售黃金的錄音帶都忘記帶走了。從錄音帶裡人們得知了馬可仕出售黃金的規格和數量，黃金總數約2000噸，分置倫敦、瑞士、香港、美國及新加坡，可隨時出售。

如果錄音帶上的內容屬實，就可以斷定出，馬可仕早就挖掘出「馬來之虎」的大部分珍寶，並且悄悄的運出了菲律賓。

早在1985年，馬可仕就預感到總統的位置保不住了，他要兒子小費迪南德帶著親信陳某，到澳大利亞和英國出售黃金。據說黃金總價值為310億澳元，買方可由銀行擔保分期付款。

交易的過程中，陳某與買方直接接觸，小費迪南德在幕後操縱指揮。經過多方面調查，警方才查出這批巨

額黃金的真正主人是馬可仕夫婦。

馬可仕逃亡到夏威夷之後，企圖東山再起，他多次支持菲律賓叛軍頭子霍納桑發動馬尼拉政變。

他還接觸了兩名美國軍火商人，他聲稱自己有1000噸黃金藏在菲律賓還未挖出，另有10億美金存在瑞士銀行，足夠支付軍火開支，要求他們提供一支上萬人的裝備軍隊，包括毒刺導彈和坦克。

他承認他在菲律賓留下的黃金是「馬來之虎」寶藏的一部分，藏金地點只有他和兒子小費迪南德知道。軍火商人不敢接受這宗政治交易，反而將他們的祕密談話錄音帶，交給美國中央情報局，情報局又將錄音帶副本送給艾奎諾政府。

不久，馬可仕病重住進醫院，他準備將自己私藏的40多億美元的黃金捐獻給菲律賓，可惜的是，還沒等他說出「馬來之虎」寶藏的埋藏地點，就昏迷不醒，命歸西天了。從此，「馬來之虎」寶藏再次成為無人能解的謎題。

藏寶金佛印證了「馬來之虎」寶藏真實存在，但是這筆寶藏後來又落入何人之手呢？馬可仕得到了「馬來之虎」寶藏的全部還是其中一部分，他又將他得到的那部分寶藏藏在何處呢？

02 希特勒寶藏

在波蘭的格魯貝爾河畔有一座凱特爾贊市，納粹在這座城市地下50公尺深處修建了一個基地，這裡不僅有辦公室、圖書館、檔案室、宿舍、兵營、食堂、娛樂室和健身房、游泳池，還有發電站、交通便利的地下車站和飛機場，一所設備先進的醫院和一條高速公路。最引人注目的是，這裡還有一座造幣廠和一座銀行。

這是哪裡？怎麼會有如此奇特又齊全的設施呢？

這就是納粹大本營的基地，被稱之為「狼穴」。為了確保「狼穴」的絕對祕密，一萬名修建「狼穴」的工人在工程結束後都被槍殺。制定「狼穴」工程方案的工

程師和設計師們也被送上一架飛機運往德國西部，但是，就在飛機降落的剎那間突然爆炸。

「狼穴」從地下20多公尺深處開始建造，是一座名副其實的鋼筋混凝土城堡，四周有八十處野外防禦工事和犬牙交錯的地雷網與死亡地帶。

戰爭期間，「狼穴」是希特勒的參謀總部，一系列祕密的軍事攻擊計劃都是在這裡擬定的，在歐洲各佔領國推行的許多社會施政方案也是在這裡制定的。據傳聞，納粹分子數量驚人的黃金白銀和各種珍寶，也藏在這座神祕的地下金庫裡，這筆財產是為一個神祕的政治目的而準備的。

納粹分子將掠奪來的大量財寶，分割成八大寶藏：希特勒金庫、隆美爾藏寶、墨索里尼東林藏寶、勒色林財寶、福斯希加潛艇藏寶和南太羅的三處藏寶。這八大寶藏，只有希特勒的金庫「狼穴之寶」是一筆推測性的藏寶，因此讓人難辨真假。

「二戰」之後的十多年裡，蘇聯人和波蘭人都沒找到這座令人難以捉摸的地下金庫。他們推測很可能有一些祕密通道，出口處大概在離「狼穴」20公里或更遠的地方。

儘管傳說中的「狼穴之寶」數目驚人，可是人們從未發現過有關這筆財產的編制清單和其他蛛絲馬跡。因此，關於「狼穴之寶」中的財產很有可能只是一種憑空估測。但是，如果這筆寶藏確實存在，其價值可能將高達幾十億法郎。

03 沙皇黃金寶藏

1921年5月，沙俄海軍上將阿歷克賽・瓦西里維奇・哥薩克率領一支部隊，護送著一列28節車廂的裝甲列車，從鄂木斯克西伯利亞大鐵路向中國東北邊境撤退，在這趟戒備森嚴的列車上，裝載著沙皇搜刮來的500噸黃金。

這隊人馬經過三個月的艱難跋涉，來到貝加爾湖畔。哥薩克將軍發現鐵路已被徹底破壞，無法通行，只好命令部隊改乘雪橇穿過貝加爾湖到達中國邊境。

冰面上堆積著厚厚的雪，500噸黃金被裝上雪橇，在武裝人員的押送下，士兵們一邊清掃積雪一邊緩慢前進。突然，貝加爾湖上的冰面出現了巨大裂縫。據說，

哥薩克的所有部隊和500噸黃金全都沉入水深100多公尺的湖底。

事情過去十八年後，生活在美國的沙俄軍官斯拉夫・貝克達諾夫公開了自己的身分。

他說：「沙皇的這批財寶並沒有沉入貝加爾湖，大部隊抵達伊爾庫茨克之前，黃金就被轉移地點，祕密埋藏起來，這次行動由我和德蘭柯維奇軍官負責。我們倆帶著45個士兵，把黃金祕密埋藏在一座已倒塌的教堂的地下室裡。完成任務之後，我們把45名士兵帶到採石場上，我和德蘭柯維奇把他們全部槍決了。在返回的路上，我發現德蘭柯維奇想暗算我，於是，我搶先一步開槍打死了他。當時每天都會失蹤一百多人，這46個人的死亡根本不會引起注意，所以我成了現在唯一掌握沙皇黃金的祕密知情人。」

1959年，貝克達諾夫找到一次機會返回前蘇聯，在馬格尼托哥爾斯克遇到一位熟悉的美國工程師。不知出於什麼原因，貝克達諾夫始終沒有透露這位美國工程師的真實姓名，只稱呼他為約翰・史密斯。

史密斯知道貝克達諾夫當年埋藏黃金的事情，提議他們到當年埋藏沙皇黃金的地方看一看。他們在年輕女

子達妮亞的陪同下，找到了離西伯利亞大鐵路3公里處的教堂地下室，500噸黃金仍然完好無損地埋藏在那裡。他們只取走了一部分黃金。

當他們開著吉普車在回來的途中，正要通過格魯吉亞闖過邊境時，突然一陣密集的子彈掃射過來，在彈雨之中，貝克達諾夫當場被打死，而史密斯和達妮亞扔下吉普車和黃金，驚恐萬分地逃出了前蘇聯。

如今，這批沙皇黃金的線索又中斷了。如果這500噸黃金沒有沉入貝加爾湖底，要找到它們，就必須先找到史密斯或達妮亞，只有他們才能揭開這個謎底。

如果這500噸黃金沒有沉入貝加爾湖底，要找到它們，必須先找到史密斯或達妮亞，可是他們已經為了這批黃金經歷了一場生死，他們還會露面嗎？他們上次取走一部分黃金，向他們開槍射擊的人是誰？肯定有人在暗地裡偷偷保護這批黃金，這些保護黃金的人又會是誰呢？他們在遵守著誰的命令在這裡靜靜地守護著這筆寶藏呢？

04 琥珀屋寶藏

普魯士國王威廉一世舉行完加冕儀式後，突發奇想地要建造一間琥珀屋，丹麥的琥珀雕刻家杜索擔負起這個重任。他經過八年的辛苦雕琢，琥珀屋終於完工了。杜索以高超的技藝將各種精巧的飾件，組合成了十分奇異的構圖。

全室共有12塊護壁鑲板和10個柱腳，不但可以隨意拼成不同的形狀，還可以隨意拼成不同的琥珀花朵和琥珀雕刻。拼花牆與雕刻圖案配合協調，渾然一體，牆角上的各種琥珀雕刻再現了一系傳說故事的內容，能組合成字的色彩斑斕的花瓣更是令琥珀屋錦上添花。

為了增加室內的亮度，使各種色調和諧統一，杜索

還在琥珀薄片下襯墊上光彩奪目的錫箔。堪稱曠世珍寶，曾經被譽為「世界第八大奇觀」。

波斯王子訪問聖彼得堡時，被琥珀屋的氣派震懾，連忙脫下鞋子，不忍心玷污了琥珀屋的地板。

1712年，俄國沙皇彼得一世訪問普魯士。為了表示友好，威廉一世將琥珀屋當作禮物送給彼德大帝。彼德大帝一看見琥珀屋就愛不釋手，他急忙給皇后寫了一封信，信中說：「我將送給你一件世上獨一無二的珍寶。」訪問結束後，彼得一世在重兵保護下，把這座價值2.5億馬克的琥珀屋運到彼得堡。

這些藝術珍品被彼得一世佈置在沙皇的冬宮裡，後來又轉移到小冬宮裡，彼得一世在琥珀屋裡度過了餘生。

彼德大帝病逝後，彼得一世的女兒伊麗莎白·彼得羅芙娜挑選了76名近衛軍士兵把琥珀屋搬遷到皇村，現在的普希金城。伊麗莎白請來義大利雕刻家馬爾特里與來自哥斯尼堡的五名工匠重新佈置琥珀屋。佈置琥珀屋需要很高的拼花技藝和水平。馬爾特里把22面鏡子十分巧妙地鑲嵌在宮牆與護牆板之間，並與浮雕邊框融成一體，產生了特殊的觀賞效果。

佈置琥珀屋的工作持續了很長一段時間，消耗600

公斤琥珀，用琥珀雕成一座微型宮殿。經過重新佈置整修的琥珀屋超過了原來的規模，成了價值更高的藝術珍品。

1941年希特勒的軍隊佔領了普希金城，葉卡捷琳娜宮被洗劫一空。部分宮室在戰火中倒坍毀損，琥珀屋的大門和窗框也嚴重受到破壞。

德國人對舉世聞名的琥珀屋十分關注。德國博物館館長命令一批士兵，拆除琥珀屋裡的全部裝飾，把它們分裝成22個箱子，運往哥尼斯堡。哥尼斯堡藝術館館長羅德，讓工匠把這些琥珀藝術品，在奧爾登宮的二樓大廳裡重新拼裝起來。儘管德國人工作時謹慎小心，但仍然有很多藝術品受到損壞，有的竟然還不翼而飛。重新佈置的琥珀屋已經遠遠不如在葉卡捷琳娜宮時那樣富麗堂皇。

1945年，蘇軍逐漸逼近哥尼斯堡，英國空軍還不停的轟炸。德國軍隊意識到無法打贏這場戰爭，立即動手拆除琥珀屋，把這些藝術品藏入城內「勃留特利赫」旅館的地下室。

戰爭結束後，人們開始尋找琥珀屋的下落。蘇聯成立了一個尋找琥珀屋的小組，他們在一個德國人的指點

下，在波羅的海打撈出17個箱子，可是箱內裝的不是琥珀，而是滾珠和軸承。

尋寶小組又重新研究了大量資料，找到了哥尼斯堡藝術館館長羅德。但是，他卻說已經記不清收藏琥珀屋的確切位置，讓他再仔細想想，就在此期間，羅德卻神祕地死亡了。

尋寶小組又將線索轉向一位名叫庫爾任科的蘇聯婦女身上，她是羅德的同事，曾經負責保管過包括琥珀屋在內的一些藝術展品。

這位婦女回憶說，在德軍撤退時，有一些德國士兵想破壞這些藝術品，城裡的一些建築不停的起火，存放藝術品的城堡被燒成一片灰燼。她也不清楚琥珀屋是否還在城堡裡，與其他藝術品混在一起。

尋找琥珀屋的線索再次中斷了，但這絲毫沒有影響尋寶小組的信心，有些德國人也來協助他們尋找琥珀屋，一家圖文並茂的雜誌甚至登出廣告，號召人們提供有關琥珀屋的線索，從柏林、萊比錫、慕尼黑、漢堡等地的信件猶如雪片飛向編輯部。其中，一封化名魯道夫·林格爾的信最引人注目，它重新燃起了搜尋隊尋找琥珀屋的熱情。

魯道夫‧林格爾在信中寫道：

「我父親叫喬治‧林格爾，戰爭爆發時，他在希特勒的衛隊和祕密警察署裡工作，掌握著一支由中央帝國安全局直接指揮的特種部隊，在國內和德國侵佔的外國領土上活動。

由於他卓越的成就，戰爭結束前他得到了不少胸章和獎章。就在他逝世前一個月，向我講述了他的平生經歷，談話中他曾提到琥珀屋和其他琥珀收藏品，說它們都藏在斯泰因塔姆的地下室中。

我問他那個地下室在哪裡。他看著我，笑了笑，說我太年輕，不要什麼都追根究底。我父親於1947年10月在格賴茨醫院病逝。

1948年1月的一天，我無意中走進家裡的地下室中，發現了一個寫得密密麻麻的日記本，上面記下了近一百多條命令和執行命令的情況，其中的兩份文件直接跟琥珀屋的轉移有關。」

在這封信中，林格爾附上了那兩份文件。

林格爾的來信，使人們似乎看到了尋找琥珀屋的希望。可是，它究竟藏在哪裡？

　　尋寶小組根據林格爾的信推斷：琥珀屋至今仍然在羅德所在的那座城市，也許它仍在一個地下室靜靜的沉睡。

05 拿破崙寶藏

法國皇帝拿破崙率領50萬大軍對俄國進行遠征，由於戰線拉得過長，交通運輸經常遭到襲擊，糧食和彈藥供應不上，而俄皇亞歷山大一世又不接受和談，在這種情況下，拿破崙不得不放棄剛佔領不久的莫斯科，向西南方向緩慢後撤。

撤退中，沿途不斷受到俄軍和農民游擊隊的狙擊。

就在這個時候，法軍龐大的輜重隊中有25輛裝滿了在莫斯科掠奪的戰利品的馬車突然失蹤。自那時起，一個半世紀以來，拿破崙的這批戰利品究竟隱藏在哪裡，就成了鮮為人知的謎。

一位名叫尤‧勃可莫羅夫的前蘇聯學者，在閱讀英國歷史小說家瓦‧斯戈特所著的《法國皇帝拿破崙‧波

拿巴的生涯》一書時，對其中的一些情節很感興趣：

「11月1日，皇帝繼續痛苦的退卻。他在禁衛軍的護衛下，踏上了通往斯摩稜斯克的道路。由於擔心途中會遭到俄軍的阻截，所以應盡快往後撤。」

「因感到目前處境的危險，拿破崙深知在莫斯科所掠奪的古代的武器、大炮、伊凡大帝固塔上的大十字架、克里姆林宮中的珍貴物品、教堂的裝飾品以及繪畫和雕像等已無法帶走，但又不甘心讓俄軍奪去，所以就命令將這些東西沉入薩姆廖玻的湖裡。」

瓦·斯戈特是一位注重史實的作家。他這本書的完成和出版，離拿破崙遠征莫斯科僅隔二十年，時間不算很長。勃可莫羅夫由此認為，這件事在那些曾參加了這次遠征的人的手記或回憶錄中應有所涉及，於是決定查閱一下與拿破崙同時代的人是否提到有關戰利品的情況。

拿破崙在敗退時，曾和兩名親信乘著雪橇往西疾馳，其中一個名叫阿·德·哥朗格爾。勃可莫羅夫在他的回憶錄中看到這樣一段話：

「11月1日，拿破崙從比亞吉瑪退走。11月2日，我們來到了薩姆廖玻。第三天，到達斯拉普柯布。在這裡，我們遇到大雪的侵襲……」

　　哥朗格爾在回憶錄中記載，拿破崙曾經到過薩姆廖玻；斯戈特說，拿破崙把戰利品沉入薩姆廖玻的湖裡。兩者提供的日期和地點完全相符。

　　勃可莫羅夫又參閱了一些俄國人、英國人和法國人所記述的有關這方面的資料，一致認為拿破崙在1812年11月2日，把從莫斯科掠奪的戰利品扔進了薩姆廖玻的湖中。但已事隔多年，這些戰利品還仍然在薩姆廖玻湖底嗎？

　　勃可莫羅夫深信，如果戰利品確實沉入了湖裡，那它現在應該還沉睡在不為人知的那個地方。因為法國士兵不會把這個消息洩漏給俄國人，即使當時小村子裡的俄國人知道拿破崙的珍寶沉入了湖底，他們也沒有工具把它們打撈上來。

　　那麼，薩姆廖玻湖到底在哪裡呢？

　　勃可莫夫在列寧圖書館花了大量時間進行查閱，幾乎翻遍了所有的地圖。但令人感到失望的是，在比亞吉瑪薩姆廖玻一帶並沒有什麼湖。

　　後來，他向蘇聯科學地理研究所提出諮詢，對方答覆說：「在比亞吉瑪西南29公里的沼澤地，有條叫薩姆廖夫卡的河，那塊沼澤地也叫這個名字。」

　　離開比亞吉瑪29公里的沼澤地，拿破崙11月1日在

比亞吉瑪，第二天來到薩姆廖玻……這樣，隨著歲月的推移，這個湖有可能是變成沼澤了。

一百多年過去了，是否有人對這塊地方進行探索呢？勃可莫羅夫雖然查閱了許多資料，但收穫很少。後來，他發了信給有關機構，詢問這方面的情況。但大部分的回答都是無可奉告，只有斯摩稜斯克地方政府內政管理局，記錄保存室提供了一點資料：

1835年，根據斯摩稜斯克地區長官的命令，由夏瓦列巴奇中校率領工兵部隊曾對這個湖進行勘查。他們先測量了湖水的深度，在離水面大約5公尺處，有堆像岩石般的堆積物，鉛錐碰上去，似乎聽到一種金屬的聲音。

地區長官向國務大臣報告，國務大臣又呈報給沙皇。尼古拉一世撥款4000盧布，用來建立圍堰，以便把水抽乾。後來，圍堰完成了，水也抽乾了，但呈現在眼前的僅是一堆岩石，搜尋到此就中止了。

隨後，有一些志願者也曾進行過探索，但是最終都一無所獲。

拿破崙的戰利品怎麼會突然失蹤？這個問題，仍有待於人們的研究和發掘。

06 隆美爾寶藏

黃燦燦的金幣和各種珍奇古玩裝了90多只木箱，金剛鑽、紅寶石、綠寶石和藍寶石滿滿地裝進一只鋼箱裡，這批珍寶價值多少，誰也估算不出來。尤其是那只鋼箱的財寶更是價值連城，連珍寶的主人隆美爾，也不清楚這批珍寶的價值究竟有多少。

隆美爾是德國陸軍元帥，生性凶殘、狡猾，在戰鬥中慣於用聲東擊西的伎倆。在北非的大沙漠上，他以力量懸殊的兵力與強大的英美聯軍交鋒，出奇制勝，因而贏得了「沙漠之狐」的稱號。

在北非的一系列戰爭中，隆美爾用野蠻的手段，在很短的時間內，就從阿拉伯人手裡搜刮來這批巨大的財

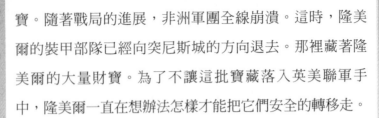

寶。隨著戰局的進展，非洲軍團全線崩潰。這時，隆美爾的裝甲部隊已經向突尼斯城的方向退去。那裡藏著隆美爾的大量財寶。為了不讓這批寶藏落入英美聯軍手中，隆美爾一直在想辦法怎樣才能把它們安全的轉移走。

幾週之後，英國無線電新聞廣播播出一條新聞：在杜茲附近沙漠邊緣的一次戰鬥中，英國截擊並殲滅了一支裝備精良的德軍小分隊，德軍士兵全部戰死。

人們心中充滿了疑問：這支裝備精良的德軍小分隊去執行什麼任務了？

原來隆美爾已經預知末日即將來臨，他考慮把財寶從突尼斯城海運到義大利的南部，但是英國已經取得海、空的控制權，德國艦艇已經不能橫越地中海，隆美爾只好另想辦法。

他派幾個親信將近一百箱的珍奇異寶偷偷運走，並隱藏起來。十幾輛軍車趁著夜色，偷偷地把財寶裝上車，車子駛進撒哈拉大沙漠，他們把財寶埋藏在沙漠裡，一個不為人知的地方。埋藏寶藏的隊伍在回來的途中遭到英國部隊的伏擊，全部戰死，隆美爾都不知道自己的寶藏埋在什麼地方。

戰後，為了尋找和佔有隆美爾這批珍寶，西方的一

些冒險家們不惜重金，走進撒哈拉大沙漠，尋找隆美爾最後的寶藏。

1948年6月的一天，法國駐德國斯圖加特的領事館裡，來了一位自稱皮切爾・佛來格的年輕人，前來申請去法國科西嘉旅遊的簽證。法國領事從他的檔案裡得知他曾經是德軍黨衛隊的潛水員，便要他講出此次前往科西嘉的真實目的。皮切爾・佛來格不得說出了實情：1943年9月的一天，他奉命來到巴斯提亞市外的聖弗羅倫海灣，命令他在海底尋找一個能容納六只鐵箱的隱蔽處。經過潛查後，他在水深55公尺的海底岩石裡找到一個洞穴，用浮標做了記號。

第二天凌晨，四名軍官又帶佛來格出海，艇上還裝著六只鐵箱子。艦艇來到浮標處後，一個德國軍官用六分儀測下了這個點的坐標，並記在了紙上，佛來格偷偷看了一眼，牢牢記住了上面的數字。為了保險，他還記住了岸上地物特徵。但兩天之後，佛來格在科西嘉突然被蓋世太保逮捕。受審中他才知道，箱子裡裝著四名軍官偷來的金幣和珠寶、首飾之類的貴重物品。佛來格說自己只是執行命令，與寶藏無關。接下來他被調到東方前線去打仗，那四個軍官被槍決了。

皮切爾‧佛來格這段離奇的敘述，吸引了很多尋寶人。很快的，法國政府提出與他合作，一起打撈寶藏。

幾天後他們來到巴斯提亞市外的聖弗羅倫海灣。但人們發現，皮切爾‧佛來格說的方位與當地地理位置根本不符合，沿岸數十公里內，也找不到他所說的地理標記。最令人不解的是，這個自稱是前黨衛軍的潛水員，居然不會潛水。十名職業潛水員在水下忙碌了幾個月，一無所獲。可是尋寶費用已花去了100萬法郎。佛來格覺察出事情不妙，準備逃回德國。但還沒逃走事情就敗露了，他被判了兩個月監禁。

皮切爾‧佛來格被監禁期間，一家德國報紙突然登載了一篇題為《天方夜譚中的神奇財寶》的文章，文章上說隆美爾的財寶確有其事。緊接著，法國報紙又報導說，1943年9月的一個夜晚，有一個人在望遠鏡裡清楚地看到，一艘德國軍艇往海裡扔下一些箱子。

皮切爾出獄後，馬上成為新聞記者採訪的對象。他向記者暗示說，這次參加尋寶是被強迫的，所以「不可能有誠意」。1949年，皮切爾‧佛來格去海邊散步，突然失蹤，有人猜測他被黑手黨綁架暗殺了。這使人們更加相信隆美爾珍寶的真實性。

　　愛爾蘭記者戈德利，仔細研究了有關皮切爾‧佛來格的全部資料後，在《美國週報》上發現文章說，皮切爾‧佛來格的所說的一切都是虛構的。讓人萬分驚奇的是，戈德利卻收到一封邀請信，信上說皮切爾‧佛來格想跟他見面。

　　戈德利來到德國，見到了傳說中已經死去的佛來格。他向戈德利透露了事情的真相：1943年，佛來格是義大利海軍基地的水兵。一天，蓋世太保突然往他們的快艇上裝了六只鐵箱，然後，又留下三名軍官，他們奉命駛往科西嘉。

　　啟航前，一位軍官對箱子裡的東西做最後一次清點，佛來格看到箱子裡裝的全是珍寶。快艇駛達巴斯提亞港，正遇上聯軍空襲。無奈之下，一位軍官下令將珍寶沉入海底。佛來格說，沉寶地點正對著一座被炸毀的清真寺。

　　戈德利返回愛爾蘭後，馬上成立一支祕密探險隊，可是他們的尋寶快艇剛一下海就被一艘船艦追蹤。船上的人傳來一張字條給戈德利，上面寫道：「我想就隆美爾珍寶一事警告你，已有多人為此喪命，這些珍寶是我們的！」迫於無奈，戈德利結束了這次尋寶。

　　後來，有一位記者在報紙上罵皮切爾・佛來格是一個大騙子，他講的都是假話。為此，佛來格在德國的一家報紙上登了一份聲明：的確，我撒了謊，一輩子都在撒謊，但是這筆珍寶確實存在，只是它不是藏在科西嘉，而是藏在義大利的一座寺廟裡。

●┄┄┄┄┄┄┄┄┄┄┄┄┄┄┄┄┄┄┄┄┄┄┄┄┄┄┄

　　隆美爾的珍寶到底藏在哪了？是荒無人跡的撒哈拉沙漠裡的某個山丘，還是巴斯提亞港正對著被炸毀的清真寺的海底？還是義大利一座寺廟裡？隆美爾不愧被稱之為「沙漠之狐」，即使他已經死去多年，人們對他的珍寶仍然摸不著頭緒。

07 納粹寶藏

　　—— 次世界大戰期間，德國空軍元帥戈林曾向他 ——的部下指示：「當你發現有什麼東西可能是德國人民所需要的，就必須像警犬一樣追逐，一定要把它弄到手，送到德國。」

　　納粹德國每佔領一個國家，它的財政人員馬上便奪取這個國家的黃金和外國證券、外匯等。接著還向這些國家徵收數目驚人的「佔領費」，到戰爭結束時，光「佔領費」的收入就有150億美元。德國法西斯還用種種理由迫使佔領國支付「罰金」、「貢金」。據美國戰略轟炸調查處的統計，搾取金額高達260億美元。

　　除了這些金錢外，納粹法西斯還掠奪被侵略國的許

多文物珍寶。希特勒政府在征服波蘭後，戈林下令掠奪波蘭文物。半年後，他得到這樣的報告：「這個國家的幾乎全部文物，已經被接受了。」

　　據德國官方的一份祕密報告顯示，到1944年7月為止，從西歐運到德國的文物共裝了137輛鐵路貨車，計有4174箱，21903件，繪畫就有10890幅，其中大部分都是名家傑作。

　　納粹頭目們藉機擴充「私人」收藏，僅戈林一個人所收藏的文物，據他自己估計就達5000萬德國馬克。他的家簡直就是一座「博物館」，有5000幅世界名畫，16萬件珠寶鑲嵌的寶物，2400多件古代名貴傢俱，其中1500件屬於稀世珍寶。上面的財寶都是有案可查的，而那些不在案的恐怕沒有人清楚到底有多少。

　　二戰期間，納粹分子掠奪了數不盡的財寶，他們把這些財寶瓜分成八大寶藏：希特勒金庫、隆美爾藏寶、墨索里尼東林寶藏、勒色林財寶、福斯希加潛艇藏寶、南太羅的三處寶藏。

　　納粹法西斯滅亡後，人們只見到極少的一部分。

　　當戈林離開希特勒，坐著他的裝甲汽車開往巴伐利亞，後面緊跟著裝滿財寶的卡車護送隊。最後一批在運

送途中被美國部隊截獲，其中有27箱絕版書，4箱貴重玻璃器皿，8箱金銀器，無價的東方地毯等。希特勒自殺後，在其宅邸裡只發現了一些油畫和很少的資金。

納粹的寶藏到底埋在哪了？為了尋找到這些埋藏在某個角落的巨額財富，盟軍組織過一支尋寶隊。他們在一個鹽礦裡發現一批黃金、銀器、寶石、瓷器、雕像、名畫，總共裝了26輛卡車。但這只不過是納粹寶藏中極少的一部分。

儘管法西斯德國長年征戰，最後徹底滅亡，但是人們仍然認為，他們把許多財寶藏在世界各地。

傳聞最多的，是納粹有相當一部分寶藏藏在奧地利境內的阿爾卑斯山中，尋寶隊嚴密搜尋了那個地方，結果一無所獲。後來，有一位瑞士嚮導在那裡發現了一架納粹飛機和駕駛員的遺骸。這就是希特勒當年救助墨索里尼，祕密命令一架飛機運走1億美元的黃金，那架飛機在阿爾卑斯山阿丹墨羅峰撞山失事，當這位嚮導帶著一群人前往時，發現一條移動的冰河掩蓋了這個地方，飛機、駕駛員、黃金蕩然無存。

一條重要的寶藏線索奇蹟般地消失了，人們開始懷疑納粹寶藏的真實性，但是一系列藏寶人的出現，人們

又相信這筆寶藏的確存在。

1949年，奧地利警察在美國佔領區拘捕了一個名叫蘭茲的嫌疑犯，發現他的外衣裡縫著一張奇怪的單子，上面列有瑞士法郎、美鈔、黃金、鑽石、鴉片等總值約1億多美元的東西，簽署這張單子的是原納粹德國少年先鋒隊的將軍史坦弗·佛羅列屈。但是這些珍寶藏在何處，蘭茲卻守口如瓶。

1950年，美國駐奧地利佔領軍拘捕了一個名叫希姆爾的人，他當時正在一座寺院裡埋藏一個箱子，箱內裝有500多萬美元，還有金條。據說也是史坦弗·佛羅列屈叫他保管的。史坦弗·佛羅列屈被拘捕審訊時，承認希特勒命令他保管「二戰」掠奪來的財寶，但是，他死都不說出這些財寶藏在何處。

1954年，一位叫佛蘭克的德國人在奧地利渡假，偶然發現了阿爾卑斯山脫蒂峰上納粹藏寶的地方。他利用過去曾是納粹黨員和被希特勒授勳的身分，設法打進了掩護寶藏的組織，最終看到了那嚴密守護下的窖藏，每一個地穴上都清楚地標明了50萬、70萬的字樣。

佛蘭克從看管這些財寶的人員口中聽到許多以渡假為名來尋寶的人被殺的事，當這件事公諸於世時，震驚

了全歐洲。

●--

　　納粹寶藏，聽起來有點兒玄乎，有人懷疑這些珍寶的真實性。但是從已經發現的資料來看，肯定不是無稽之談，即使沒有傳聞中的八大財寶，至少也有幾筆可貴的寶藏。

08 德意志寶藏

赫爾穆特・邁爾和路德維格・皮切爾帶著精確的藏寶平面圖走進了奧地利山區。可是不久，人們就發現了他們的屍體。在離兩具屍體不遠的地方，人們找到了幾處空的藏寶祕密洞穴。

六年之後，有一個叫約瑟夫・馬泰的野營者，在里弗萊科普山區神祕地失蹤，人們發現他的野營帳篷被遺棄在一片空曠的山谷裡。

約瑟夫・馬泰失蹤的第二年，人們在里弗萊科普山區，又發現一具屍體和八個空的藏寶洞。

所有這些稀奇古怪的暗殺和失蹤事件顯示，有一批寶藏埋藏在阿爾卑斯山區，並且被一些祕密的突擊隊嚴

密控制和守衛著。

這裡，到底埋藏著多少財寶？

人們從一個當年被美國人逮住的德國嫌疑犯身上，找到了一份有納粹德國黨衛隊將軍弗羅利奇正式批示和簽名的清單：66億瑞士法郎、99億美元、13.5噸金條、294顆鑽石和數萬件藝術品。

納粹德國在即將徹底崩潰之前，希特勒計劃著把德國政府的財產隱藏到安全地方，以便日後東山再起。這是歐洲歷史上一個戰敗民族第一次隱藏自己的財寶。

「二戰」結束前夕，有近1000輛卡車在負責轉移德國銀行的財產，這筆財產按當時的估價相當於3500億法郎。

此外，還有一大批首飾、金條、寶石、稀世藝術珍品，以及納粹頭子們的私人財產，教會財產，從義大利、南斯拉夫、希臘和捷克等國猶太人身上掠奪來的財產等。這就是「大德意志之寶」，其總價值估計高達7000億法郎。這是希特勒在1945年大決戰之前下達的命令：把當時還留在德國的所有財寶以「國家財產」名義隱藏起來。

這批財寶有一部分已經找到和收回，其中主要是隱

藏在上奧斯一座鹽井底下的財寶，價值達100億法郎。隨後又在奧斯克里加別墅花園裡，找到了價值10億法郎的財產，以及埋藏在薩爾茨堡的總主教府邸地窖裡的赫爾穆特・馮・希梅爾子爵的財產。

後來，在紐倫堡附近韋爾頓斯坦別墅的鋼筋水泥地窖裡又找到了戈林元帥的部分私人財產：36支大金燭台、1個銀浴缸、一批大畫家的名畫和極其罕見的白蘭地酒等財物。

一位以色列囚犯說出，他在布拉亞・阿爾默的高山牧場區就埋藏了價值190億法郎的財寶。

人們在富斯施克城堡附近的一個穀倉裡，找到了納粹黨衛隊埋藏的兩只大箱子。在一個屠宰場的混凝土地下室裡，發現了當年納粹德國外交部長的一個藏有黃金、外幣和珍寶的少量藏寶地點。

1946年的一天，有一個曾經參加隱藏財產行動的中尉弗朗茲・戈德利奇透露說：「有一筆巨大的財寶埋藏在奧地利倫德附近。」

他說：「我知道此事，因為我參加了那次行動。有30只貨物箱被俄國戰俘們埋藏了起來。不過，工作做完了之後，他們全部被殺死。」

美國的武裝部隊和聯邦調查局，一直在奧地利托普利茲湖區尋找希特勒德國的寶藏，其中有一部分已經找到。

1959年7月，德國技術人員帶著超聲波探測器和水下攝影機，在托普利茲湖下70公尺到80公尺深處的湖底，確定了16只貨物箱的位置。許多貨物箱已被打撈上來。人們在貨物箱裡發現了印製得和真的完全一樣的假英鎊。其價值達100億法郎。

這批假英鎊出自當年被德國人關押在薩克森豪森集中營裡的偽幣製造高手。當年，這批假英鎊是納粹德國用來擾亂盟國經濟的「伯恩哈特行動」主要措施。

人們對德意志藏寶地點眾說不一。

有人認為，在海拔2000公尺的托普利茲湖裡，至少放著20多只密封箱，其中除了已經找到的假英鎊外，還有首飾、黃金、人造寶石和樣機原始圖紙。有人認為，真正的金條埋藏在湖區假英鎊附近的地方。

還有人認為，「大德意志之寶」的主要財寶已經多次轉移，主要的寶藏分散在奧地利加施泰因、薩爾茨堡、薩

爾茨卡梅爾克附近地區。這些寶藏受到非常嚴密的監控，非熟悉內情的人不可能找到它。

也有人認為，主要藏寶地點在奧斯小城周圍。該城離薩爾茨堡的直線距離約60公里，處在兩個長10公里的湖的西南盡頭。奧斯在戰爭期間是納粹德國最後頑抗的據點之一，是希特勒在1945年擬定的一個方案中的主要戰略點。在紐倫堡審訊期間，人們估計有價值2億多馬克的財產被隱藏在奧斯地區。

原聯邦德國政府和奧地利政府都在竭力尋找這批財寶。法國、美國、蘇聯和以色列的祕密機構也曾窺視這批藏寶。誰也無法知道，這批神祕的「大德意志之寶」最終會幸運地落到誰的手中！

09 印加帝國寶藏

1532年，西班牙殖民者皮薩羅率領一支軍隊，打敗印加帝國皇帝阿塔雅爾帕的軍隊。皮薩羅囚禁了印加皇帝，又派人從印加軍營搜刮出價值8萬比索的黃金。

皮薩羅的凶狠殘暴讓阿塔雅爾帕非常害怕，他為了保住性命，與皮薩羅提出交換條件：如果皮薩羅釋放他，他可以用黃金堆滿囚禁自己的房間，達到他舉手所及的高度。

面對這筆有史以來最高的贖金，皮薩羅驚訝得說不出話。阿塔雅爾帕以為皮薩羅嫌少，便指著囚室牆壁接近屋頂的地方說：「我可以用各種黃金製品堆到那個高

度。」那間房子需要40萬公斤的黃金才能堆滿。

只用了短短三個月的時間，印加皇帝就履行了諾言，陳塔雅爾帕命令部下從印加各地，日夜不停的送來成色最好的黃金13265磅，白銀2600磅，很快就堆滿了房間。

連皮薩羅都沒想有想到印加帝國竟然如此富有。

印加人是拉丁美洲的土著居民，他們在11世紀建立起強大的奴隸制印加帝國。

印加人崇拜太陽神和月亮神，他們認為金子如同太陽的光輝，因此不論是建造神廟和宮殿，還是平常隨身佩帶的物品，都大量使用黃金。

據說，印加人從11世紀起就開始世代收藏黃金，如果把印加所有的黃金累計起來，其價值相當於當時世界其他地方金子的總和。正由於這樣，哥倫布發現新大陸以後，印加人的災難就降臨了。

西班牙冒險家弗朗西斯科‧皮薩羅皮薩羅率領180個驍勇善戰的士兵，帶著當時歐洲最先進的大炮、火繩槍、利劍，離開了巴拿馬向秘魯挺進。

臨走前，他聽兩個被俘的印第安人講：從這裡一直往南走有一座黃金城。這更增添了他征服印加帝國的決

心。

此時，印加帝國正處於內亂之中，野心勃勃的阿塔瓦爾帕為了奪取國王的寶座，挑起一場「兄弟之戰」，在戰鬥中俘獲了他弟弟瓦斯卡。對皮薩羅來說，這場內訌簡直是天賜良機。

印加帝國的內亂，使國王忽視了外來的威脅。阿塔雅爾帕沒有設置任何障礙，反而派出一名印加貴族攜帶禮品去迎接皮薩羅，邀請這些侵略者來到卡哈馬卡城。

皮薩羅邀請皇帝次日在卡哈馬卡城中央廣場會晤，阿塔雅爾帕爽快的答應了，並許諾不帶武器前來與皮薩羅和平見面。

皮薩羅看出印加人對他這個侵略者沒有任何防範和戒備，於是制定了一個大膽、卑鄙的計劃，事先佈置好三隊騎兵埋伏在廣場周圍，設好誘捕印加皇帝的圈套。

第二天中午，阿塔雅爾帕帶著三、四萬人來到廣場，他坐在轎子裡一副悠然自得的樣子，絲毫沒有大難臨頭的緊張氣氛。

皮薩羅馬上發出進攻信號，三隊騎兵向阿塔雅爾帕衝殺過來，印加皇帝的士兵還沒來得及動手，阿塔雅爾帕就成了皮薩羅的人質。

　　皮薩羅收到印加皇帝的鉅額贖金，他真的能兌現諾言釋放印加皇帝嗎？

　　侵略者是不會講信用的，皮薩羅收到贖金後，毫不猶豫地將印加皇帝處死。印加人這才看清楚這幫侵略者的真正面目，於是，他們把更多的黃金隱藏了起來。

　　皮薩羅把皇帝交出來的黃金熔鑄成便於攜帶的金錠。隨後，貪婪的皮薩羅又把魔爪伸向了印加首都庫斯科城。

　　庫斯科城是印第安人建造得最宏偉、最壯觀的城市。

　　1533年，皮薩羅率領480名士兵進入庫斯科城，瘋狂地洗劫了這座城市。他們拆光了庫斯科神廟、神殿，搶走了皇宮內所有的金器、金像和珍貴物品，就連皇室陵墓內黃金和寶石的木乃伊也在劫難逃。

　　皮薩羅的兄弟佩德洛・皮薩羅留給後人一段記載，講述了他們進庫斯科城的情景：「我們看著這麼多的金銀器皿簡直都嚇呆了，儘管最出色的器皿已被印第安人帶走了。我們還發現了一尊金塑像，那是印加王朝的始祖像。我們還發現了一些金螃蟹，以及裝飾著鳥、蛇、蜘蛛、蜥蜴和其他昆蟲的金器皿。

　　所有這些珍貴東西都是在庫斯科城郊區的一個洞穴

裡找到的。一個印第安人對我們說，在靠近維拉貢加鎮的一個洞穴裡，還隱藏著大量金板。但是，告訴我們這個情報的印第安人幾天後便失蹤了。總之，印加人把金銀財寶隱藏起來了，讓人再也無法找到。

祭司要奴僕們把金銀財寶運到隱藏地附近，隨後再讓另外一些印第安人替換他們。這些印第安人把財寶藏好以後，便遵循主人的命令，毫無怨言地吊死或跳崖自盡了。在這個國家裡藏著數不盡的財寶，但是，只有奇蹟才能使我們找到它們。」

1768年，有人提出一種假設：認為印加人最後的避難所，是傳說中的維爾卡班巴城。可是這座城市又在哪裡？

雖然這只是人們的一種假設，但是有很多探險家開始付諸行動，尋覓他們夢想中的印加寶藏，美國人賓海姆就是其中的一個。

1909年，美國青年學者賓海姆在途經秘魯的阿普里馬克時，該省的省長向他談起傳說中曼科建立的城市。

回到美國後，賓海姆一直沒有忘記這件事，他查閱了大量的資料，經過兩年的準備，組織了一個科學考察隊，再次回到秘魯。賓海姆從庫斯科出發，沿著曼科當

年躲避皮薩羅的路線前進。在一條山間小路旁，他們遇到一位印第安人。令人難以置信的是，賓海姆只花了幾個銅錢，就得到了印第安人世代保守的烏魯巴姆巴吾谷中最大的祕密。

　　這個印第安人帶領著賓海姆的考察隊來到一個神祕的地方，賓海姆發現的不是幾座建築物，而是一座高聳入雲的印加古城，舉世聞名的馬丘比丘古城。

　　馬丘比丘古城位於庫斯科的高原上，海拔2280公尺，兩側有高約600公尺的懸崖，峭壁之下是烏魯班巴河。

　　在這沒有人煙的地方，印加人卻建起了他們的城市。從遠處看起來，馬丘比丘古城似乎隨時都可能從狹窄的山脊上滑下萬丈深淵。古代印加人怎麼能在絕頂上建造城市？

　　四年後，賓海姆再次來到馬丘比丘古城，他無法肯定自己是否真的找到了印加人最後的避難所維爾卡班巴。

　　考古學家正準備在馬丘比丘古城探尋印加帝國寶藏時，安第斯山脈又有了重大發現。一批農民到秘魯北部去尋找耕地，途中發現了龐大的印加古城大帕哈頓。

　　從空中測量，大帕哈頓的古代建築遺跡至少有300座，散佈在7座大山中。

　　人們迷惑了，到底哪裡是印加王朝最後的避難所？曼科究竟把黃金埋藏在哪了？人們還不能給這些問題做出滿意的回答。

10 施里曼寶藏

德國考古學家亨利・施里曼憑著荷馬史詩的指點，在亞細亞半島發掘出掩埋了兩千多年的特洛伊城遺址，找到了「普里阿摩斯寶藏」。

施里曼在俄國克里米亞戰爭和美國南北戰爭期間，做軍火生意，從而獲得鉅額利潤。隨後，他到了希臘和小亞細亞，第一次踏上荷馬史詩中的這片土地，他決定不再做生意，專心尋找傳說中的特洛伊城。

他把荷馬史詩作為尋找特洛伊城的嚮導，在傳說曾經是奧德賽宮殿的遺址上開始發掘。當民工挖出兩個裝滿灰末的罐子時，施里曼猜測可能是奧德賽和珀涅羅珀的骨灰。他希望儘快證實荷馬史詩的準確性，於是他來

到了土耳其愛琴海的另一邊。

土耳其西北部有一個布納巴西的村落和一座西沙里克的小山，這兩個遺址和特洛伊傳奇有著神話般的聯繫，施里曼手捧著荷馬史詩，在這兩個遺址上進行考察，他認定西沙里克小山更加符合他在《伊利亞特》史詩中所找到的特洛伊城的位置。

施里曼開始挖掘這座小山，他最先挖出一段石牆，他堅信，這就是荷馬在史詩中描寫的特洛伊城牆。讓施里曼感到吃驚的是，他發現的不僅僅是特洛伊，而是埋在下面的一大片城市。一層一層的廢墟一個壓一個，一共有45英尺深！

施里曼對上面幾層，不太感興趣，他認為荷馬史詩中的特洛伊，應該在最下面或靠近最下面的地層。施里曼命令民工把上面幾層的泥土和石頭搬走，民工在接近小丘遺址的底層挖出了石鋪路面、大號陶罐。

幾個月後，他們又挖到一棟大型建築物遺址。施里曼堅信，他已經找到特洛伊最後一位國王普里阿摩斯的宮殿遺址。幾個星期之後，施里曼已經發掘出普里阿摩斯國王的黃金寶藏！

這筆寶藏有大量的金、銀器皿，還有一些銀錠和工

具。最令人矚目的是黃金珠寶飾物，包括3件頭飾、60只耳環、6只手鐲、近9000顆黃金珠子。施里曼後來用這些珠子打成一條異常珍貴的金項鍊。

為了保住這筆財富，施里曼只能將它們偷偷運出土耳其。在土耳其官員還沒有發現的時候，施里曼已經精心包裝好這批寶物，運往雅典，再由索菲亞的親戚把它們藏在花園和貨棚裡。

最令人難以置信的是，在以後的六個月裡，施里曼在古城遺址中更為偏遠的地方進行了祕密發掘，沒有讓任何人發覺。與此同時，那些裝滿了千年寶藏的箱子，正被一批批的裝上船從土耳其運往希臘。當所有的東西都被安全運到希臘後，施里曼才第一次仔仔細細的察看這批寶藏。著實讓他大吃一驚，因為這批寶物的種類覆蓋面很廣，涉及特洛伊社會的各個層面。

這筆黃金寶藏的發現，改變了施里曼的生活，他感覺自己像是生活在神話故事裡。施里曼再也抑制不住興奮喜悅之情，終於向全世界宣佈了他的這個發現。他寫信給當時最有聲望的考古學家們說，他已經發現了特洛伊城，這些寶藏就是他的證據。

施里曼發現的公開，頓時引起一場軒然大波。土耳

其政府要求施里曼歸還這批寶藏；全世界的考古學家強烈要求展覽這些稀世珍品。普里阿摩斯寶藏給施里曼帶來了很多麻煩。

他沒有履行當初跟土耳其簽下的合約，挖掘到寶藏分給土耳其「一半」的諾言。因為在那個時期，歐洲的考古學家也在埃及與遠東大肆掠奪地下寶藏，這已成了一種司空見慣的做法。許多考古學家因此成了百萬富翁。但是令施里曼感到失望的是，希臘政府在土耳其政府的壓力下，拒絕接受這批寶藏。

有一陣子，他想把它送到英國倫敦的博物館，希望因此而授封，但是英國人沒有同意。最後，因為德國人許諾授予施里曼封號和勳章，於是他正式將這批寶藏送給了德國。德國人展出了這批寶物，世界各地的人們都紛紛趕來親眼目睹施里曼的這批黃金寶藏。

施里曼死後半個世紀，第二次世界大戰爆發，普里阿摩斯寶藏的命運已成為現代考古學的最大祕密之一。

「二戰」期間，德國的藝術珍寶全部被藏進地下碉堡。在大戰結束的一片混亂中，取勝的俄國和美國軍隊佔領了德國，許多珍藏品便不翼而飛。名畫、古書、珠寶飾物、古董，以及其他有價值的東西，不是被士兵搶

走，就是作為獲勝方的戰利品而被沒收，還有許多珍寶被某些德國人所佔有。在這期間，特洛伊的黃金寶藏神祕失蹤。

「二戰」結束時，德國人聲稱，寶藏已在盟軍佔領柏林時被毀掉了，而一時又傳言，前蘇軍曾從德國運走了這批寶藏。那麼寶藏到底在何處呢？

前蘇聯人成功的悄悄把這些寶藏運出了德國，他們當時把這些寶物裝上了一輛卡車運到機場，然後再用飛機運回莫斯科。到達目的地後，又用一輛貨車運往普希金博物館。在戰後那段混亂的日子裡，沒有人知道這些，多年來人們一直以為那批黃金已經隨著戰爭一起消失了。

在運到前蘇聯後的幾個月裡，施里曼黃金一直被存放在原先的那三個在柏林存放時使用的板條箱裡。1945~1949年期間，寶藏在普希金博物館裡幾乎成了公開的祕密。這批珍藏品當時只向考古學家、古物鑑賞專家及一些政界要人開放。

可是到了1949年，博物館卻突然宣佈將不再對外展覽這些珍藏品，並將其祕密地藏了起來。

後來，冷戰開始，特洛伊城的黃金也受到了影響，

有關這批戰利品的消息被視為國家的最高機密。每個人都收到嚴格的指示，只有官方才有權過問這批寶藏，必須絕對保密。

這批施里曼寶藏從普希金博物館祕密地轉移到普希金博物館主要入口通道下面的一個小地下室裡。在以後的五十年裡，每天都有成千上萬的參觀者經過這裡，然而他們卻不知道世界上最大的一筆財富就在他們的腳下。

直到有兩個學生在普希金博物館一些舊文件中，意外的發現了這筆祕密寶藏，

文件裡詳細記錄了「二戰」時，前蘇聯軍隊是如何運走寶藏的，為人們尋找那筆巨額財富提供了線索。

文件中詳細描述了前蘇軍進軍柏林時，那些價值連城的繪畫、雕塑以及大批的金銀器是如何被運往莫斯科的。至此，這批戰爭財富才為世人所知曉。

幾十年來，全世界的人一直以為這批價值連城的黃金已在「二戰」中被毀掉，在種種政治壓力下，前蘇聯承認他們已經發現這批黃金被藏在某個地下室裡。

前蘇聯人同意展出施里曼發掘的黃金寶藏，但是並不打算把它們歸還給德國。關於寶藏是如何落入前蘇聯之手，前蘇聯和德國各執一詞。

　　前蘇聯人說，當炸彈開始大規模轟炸柏林時，柏林博物館的那位老館長為了挽救這些寶藏，他找到已經佔領柏林的前蘇聯軍官，讓他們妥善保管這些寶藏。而德國人卻說前蘇聯的軍隊攻進柏林後，下令沒收一切德國的和外國來的藝術品。寶藏就這樣落入前蘇聯人手中。

　　施里曼黃金究竟是這位館長自願捐出來的，還是前蘇軍掠奪走的，如今已成為寶藏該歸屬於誰這一問題的焦點。

　　但是德國政府認為這筆寶藏應該歸屬於德國，因為施里曼是德國公民，而且他生前已經把這些寶藏送給了柏林博物館。土耳其政府說，這批寶藏是在土耳其發掘出來的，理所當然它們應該屬於土耳其。

　　希臘政府認為，施里曼的第二任妻子是希臘人，而且這批黃金最初是被運到雅典之後才送往柏林的，理所當然寶藏應該屬於希臘。甚至連英國人也聲稱自己該擁有這筆財富，他們說「二戰」即將結束的時候，用來存放這批寶藏的地下室是在他們所管轄的區域範圍之內。

　　土耳其、希臘、德國、俄國在這批藏寶的所有權上展開了激烈爭論，施里曼所發掘的珍寶直到1996年才在莫斯科展出。這是寶藏出土半個多世紀後第一次公開亮

相。至於所有權的談判還得拖上幾年，但世界各地的考古學家們希望，這批無價的、獨一無二的藝術珍藏能儘快重見天日。

　　這批寶藏位於阿富汗總統府達努拉曼宮的地下拱頂中。據《紐約郵報》報導，卡爾扎伊和阿富汗財政部長加尼等官員進入拱頂，他們看到了大量排列整齊的木盒子，每只盒子裡塞著三塊黃澄澄的金磚，此外還有大量珠寶和文物。

　　據阿富汗中央銀行行長透露，這一寶藏是查希爾國王當政期間累積下來的。大部分是在蘇聯入侵阿富汗前，由考古學家維克托・聖里耶尼迪斯，從古代墓地中挖掘出來的珍品。

　　過渡政府拒絕透露寶庫中的金磚數量，但表示將由阿富汗中央銀行行長、財政部長和司法部長組成的一個專門委員，會負責對拱頂中的珠寶進行統計，統計結束後會馬上向外界正式公佈。

　　據初步估計，該寶藏的價值約為9000萬美元，加上在美國紐約聯邦儲備銀行的黃金儲備，阿富汗全國黃金儲備

將達3.5億美元。對貧窮的阿富汗而言，此次的發現的確是一次巨大的收穫。

　　許多考古學家相信，歷史悠久的阿富汗藏有大量價值連城的寶藏。在當地人的傳說中，「黃金山」大夏金庫和「巴克特里亞寶藏」都有大批金銀珠寶和古代書籍手稿，而後者因為與總統府達努拉曼宮有密切關係而受到更多關注。人們相信，此次發現就是「巴克特里亞寶藏」的一部分。

11 二戰寶藏

第二次世界大戰結束前的最後幾天，居住在托普利茲深水湖附近的居民們驚訝的發現，全副武裝的納粹德國黨衛軍，封鎖了托普利茲深水湖附近所有的交通要道，然後把很多只箱子沉入湖中。

知情者說，箱子裡裝著納粹德國從歐洲各國掠奪來的黃金珠寶、文物寶藏和絕密文件。從那以後，托普利茲湖底隱埋著納粹寶藏和祕密的傳聞不脛而走，吸引了一批又一批的尋寶探險家前去冒險。

吸引世人矚目的不僅是神祕的歷史傳說，更主要的是發生在托普利茲深水湖真實的尋寶故事。

在「二戰」結束後的大半個世紀裡，托普利茲湖成

為世界媒體報導的焦點，其中最轟動的要數20世紀60年代托普利茲湖發現大量假英鎊一事。

這些可以以假亂真的英鎊是希特勒親自策劃的「伯納德絕密行動」的產物。二戰後期，希特勒為了擾亂盟國的金融秩序，導致盟國經濟全面崩潰，開始製造大量的假英鎊。

然而，「伯納德性動」還沒來得及實施，第三帝國的末日就來臨了，慌亂逃命的黨衛軍來不及徹底銷毀證據，只得把成箱的假英鎊丟進托普利茲湖裡。

在半個世紀裡，人們在托普利茲湖裡發現過以下財物：50箱黃金、1本珍貴的集郵冊、50公斤金首飾、5枚珍貴的鑽戒、部分從匈牙利猶太人手中掠奪來的藝術品、22箱珠寶、20箱金幣和3箱沙皇時代的金條。

正因為有了這些真實的故事，加上神祕的歷史傳說，世界各地的尋寶探險家們，才甘願冒著生命危險，一次又一次的潛入托普利茲深水湖中，許多人甚至因此丟了性命。

不知道出於什麼原因，奧地利內政部突然下了嚴禁在托普利茲湖尋寶探險的命令。

人們為此做出種種猜測：有人說，奧地利政府的禁

令是別人尋找到這裡的寶藏。有人卻說，沉入湖底的絕密文件可能會曝光，奧地利政府二戰期間許多見不得人的內幕，甚至會曝光奧地利政府高官與納粹的關係。

實際上，托普利茲深水湖確有一段鮮為人知的歷史。

很少有人知道，「第三帝國」元兇之一赫爾曼‧戈林曾在離普利茲深水湖畔不遠處建了一幢小別墅，他和希特勒經常一起到附近一家酒吧閒坐。

希特勒和戈林當年都認為，這裡險峻的山勢可以使德軍拒盟軍於奧地利的薩爾茨堡門外。因此，他們甚至有過一旦柏林失守，就退到這裡指揮德軍負隅頑抗的計劃。

更鮮為人知的是，托普利茲深水湖曾是「二戰」期間納粹德國新式武器的祕密實驗場之一。

20世紀40年代末，當地人傳說，傑克‧加斯圖爾在湖中找到過部分黃金，這些黃金成了他日後進行海洋尋寶探險的資本。

德國的《明星》雜誌曾派調查人員，潛入托普利茲深水湖進行調查。他們發現了整箱的假英鎊和假身分證，還有希特勒親筆簽署的執行「伯納德性動」的命令。

後來，有三名潛水員也想到托普利茲深水湖碰碰運

氣。其中一名潛水員不幸遇難。為此，奧地利政府下令
嚴禁到湖中尋寶探險，三百餘名森林保護區工作人員封
鎖了托普利茲湖。

2003年6月的某一天，一名自稱在南美某地看到過
托普利茲深水湖納粹藏寶圖的神祕人物，給美國「海洋
工程技術公司」發了一份傳真。此人聲稱：納粹分子在
戰敗前，在奧地利四個湖中隱藏了大量的黃金珍寶。那
些納粹軍人在湖邊的岩石上炸開石洞，把無價之寶隱藏
在洞中，然後原樣封上，或者把財物裝進特製的箱子，
然後沉入百公尺深的湖底。他曾經見到的那張藏寶圖，
但現在已經去向不明。

奧地利多數專家對這份神祕的傳真嗤之以鼻，可是奧
地利和美國的媒體卻掀起了一陣尋寶狂潮，托普利茲神祕
的歷史傳說再次被激活了。

要想揭開托普利茲深水湖的歷史祕密絕非易事。湖周
圍惡劣的自然環境和複雜的地理環境，都限制了探祕行動
的開展。

儘管托普利茲深水湖距離奧地利重鎮薩爾茨堡只有

120多公里，但直到今天仍只能靠步行穿越一條崎嶇的山路才能抵達湖邊，要想把大型探測機械運到湖邊是極其困難的。而托普利茲湖利茲湖一年中有六個月處於冰凍狀態，適合尋寶的時間又十分有限。

此外，托普利茲湖寬250公尺，長1800百公尺，水深達103公尺，三面懸崖絕壁，另一面則一上來就是幾百公尺深的湖水，所以尋寶探祕活動只能在船上進行。更奇怪的是，湖面20公尺以下一片漆黑，這就進一步加大了湖底搜索工作的難度。未來這筆寶藏能否成功的露出湖面，人們正拭目以待。

12 賽西亞民族寶藏

1715年，一名西伯利亞礦場場主，向沙皇彼德大帝獻上了一批金器，從此賽西亞人的黃金製品閃耀在世人面前。人們又想起這個消失多年的神祕民族。

公元前5世紀中葉，賽西亞人在歐洲東部和亞洲中西部的草原上稱霸。賽西亞男性個個擅長騎馬射箭。賽西亞人不但酷愛作戰，還嗜血成性。可是誰也沒有想到，這樣嗜血成性又沒有文字的民族，不僅善於兵韜武略，而且在日常生活中，有著高超的才藝和對黃金虔誠的崇拜。

幾百年的統治，使這個民族非常富有。賽西亞人擁有大量的黃金，即使是平民百姓家，也到處可見精美絕

倫的黃金製品。

據歷史學家考證，賽西亞王室極其小心的保護神聖的黃金，而且每年還為它舉行盛大的祭祀。有人認為，這個民族不僅僅崇拜黃金，而且瘋狂地偏愛黃金藝術品。

從賽西亞人王室墓地裡發現的大量金器，有馬梳、腳蹬、酒杯、劍鞘、頭盔和指環等大量極具藝術價值的黃金藝術品，足以說明嗜血成性的賽西亞人製造起黃金製品來，又是多麼的細膩、精緻、聰慧和極具耐心。

令人疑惑不解的是，這個在歐亞大草原上馳騁了幾百年之久，並在古代文化史和軍事史上留下了濃重痕跡的民族，此後卻像劃過天幕的流星一般，突然神祕地消失了。

他們到哪裡去了？怎麼會突然間消失得無影無蹤呢？

有人分析：賽西亞民族可能是被另一個比他們更強大、更凶殘的遊牧民族趕出了草原。

至於這個遊牧民族是誰，有些歷史學家認為是公元前350年開始，渡過頓河漸向東侵的薩爾馬特人，但也沒有什麼可靠的證據。

他們又是如何造出這麼精緻的金器來的呢？他們不計其數的黃金製品除了墓葬裡的少部分之外，大部分又

隱藏在哪裡呢？

　　隨著賽西亞人王室的第一個墓室被打開，一批約20件精緻的金器呈獻給彼德大帝。然而，隨後發生的事情令彼德大帝始料不及，盜墓的人越來越多，許多墓室被從各地來的盜墓者私掘盜竊。於是，彼德大帝下令禁止繼續挖掘，並規定發現所有賽西亞人的寶藏都要獻給王室。但此時盜墓已經成風，根本制止不了。彼德大帝死後，盜墓行為更加猖獗。隨著一次次瘋狂的盜墓，賽西亞人精美的黃金製品不斷的流失。

　　塞西亞人怎麼會有如此多的黃金製品呢？

　　對於塞西亞人黃金的來源，據說出自現在的西伯利亞，傳說那裡住著一個獨眼民族，叫阿里馬斯比亞人，他們從鷹頭獅身的守護獸手中把黃金奪過來。

　　人們發現，賽西亞人把金光閃閃的黃金大都做成黃金板、黃金項鍊、梳子或者馬鞍上的裝飾等可以隨身攜帶的物品，這可能因為他們是遊牧民族，所以製作的黃金製品都是便於攜帶的。

　　賽西亞人這些黃金製品哪裡去了？這是一個備受考古學家、探險家、尋寶者關心的謎題。

　　有人認為，在被某個更強大的遊牧民族擊敗之後，賽西亞人帶著他們無數的黃金製品四散流失，有些逃到羅馬尼亞，有些留在南俄羅斯，與入侵的外族同化，那些黃金製品也隨之散失了。

　　但另一些學者反對這種看法，他們認為，賽西亞人的最後一個據點是克里米亞半島，他們曾在那裡建立一個繁榮的首都矗阿波里斯。而他們那些珍貴的黃金製品，很可能就埋藏在克里米亞沿海一帶不為人知的地方。

　　據說19世紀時，俄國沙皇、土耳其人和英國人，都曾試圖在克里米亞挖掘這些黃金，但都一無所獲。有些尋寶者認為，這筆價值巨大的珍寶，現在還悄悄的沉睡在克里米亞的某個地下宮殿裡，然而至今沒有人找到任何線索。

　　賽西亞這個沒有自己的文字，沒有貨幣的民族，在歷史的長河中，他們只留下古希臘典籍中的零散記錄和世界上最為精美絕倫的黃金藝術製品。

13 日軍的祕密寶藏

　　在東南亞的深山密林裡，經常有世界各地的冒險家出沒，尤其引人注意的是，在這些神祕的隊伍裡，竟然有泰國政府派來的一支探險隊。

　　泰國政府為什麼要如此興師動眾？他們究竟要搜尋什麼？這事，要從一年前說起。

　　20世紀末的一天，泰國首都曼谷，操瓦立參議員的家裡來了一位特殊的客人，那是一位德高望重的老僧。這個老和尚向參議員講了一個聽起來有點像天方夜譚般的藏寶故事。他說，他來的目的是想向泰國政府提供一批巨寶，因為他知道當年侵略泰國的日軍祕密藏寶洞！

　　這也太奇怪了，怎麼會有這麼傻的人呢！當時，參

議員聽完老和尚的話，馬上就起了疑心，他懷疑這個老和尚是不是別有用心？老和尚似乎看透了參議員的心思，平心靜氣的解釋說，他是個沒兒沒女的出家人，對寶藏並不感興趣，他真的是為了國家的利益。

那麼，他是怎麼發現這個祕密藏寶洞的呢？

原來，老和尚曾經救過一個人的命，此人當年曾多次給日本人當過嚮導，在九死一生中竟然奇蹟般逃脫了日本人的魔掌。為了感謝老和尚救命之恩，他領著老和尚和他的四個夥伴，來到一處名叫利差亞的地方，此地位於泰緬邊境棟帕蓬鎮和桑科布里鎮之間的公路附近的一處密林裡。這個地方就是藏寶洞的祕密入口，入口處寬約3公尺。

老和尚說，幾年前他跟著這個人來到洞裡時，還沒進去，就被洞外的情景嚇得魂飛魄散。在山洞外到處是死人的骸骨，有的挺直，有的彎曲，有的支離破碎，缺胳膊斷腿。聽那個人說，這些屍骨都是參與埋藏寶藏的日本人和泰國人。

老和尚跟隨著那個人走進洞裡，裡面寒氣逼人，陰森黑暗，洞裡有成箱的日軍軍火和放得整整齊齊的炮彈，還有日本侵略軍當年燒殺搶掠得來的珠寶、鑽石和

成堆的金錠。

最奇怪的是，洞裡居然還有一列當年的火車。看來，這列火車開進這個藏寶洞之後，就一直停在這裡，旁邊有好幾輛當年的軍用卡車。老和尚和同伴們壯著膽子爬上了火車，掀開一看，裡面全是黃金和貴重物品。

操瓦立被老和尚講的傳奇故事嚇呆了，他覺得自己在做夢。當然，表面上他還是非常鎮定，一面向老和尚表示感謝，一面說這件事非同小可，需要向他的上級匯報，才能決定如何行動。

老和尚一離開房間，他就開始調查此事。

他把利差亞地區駐軍的領導、當地的官員和村裡的頭頭們全部找來，說是讓他們參加「重要會議」。

幾個小時的會議結束之後，證實老和尚說的是真話，利差亞山洞附近的泰國、緬甸邊防軍發現在過去的五十多年裡，經常有日本所謂的「植物考察隊」、「動物考察隊」、「地形考察隊」等名目繁多的人，成批地潛入這一地區。

邊防軍說，他們多次捕獲非法潛入邊境地區的日本祕密團伙，這些日本人無一例外對什麼考察都不感興趣，卻唯獨對當年泰緬「死亡鐵路」沿線的某些祕密洞

窟流連忘返。

　　而曾為這些日本人當過嚮導的村民們也感到非常蹊蹺：這些所謂的「科研考察隊」從來就沒有過問過當地的植物、動物或者地形地貌，而是拐彎抹角的想從村民嘴裡，套出當年日軍在這裡的活動情況、有關日軍藏寶的離奇傳說、利差亞山洞的情況等。

　　還有，村民們反映，這些所謂的「科學家」、「植物學家」、「地理學家」的表現極不正常，一點也不光明磊落，行動起來總是鬼鬼祟祟、探頭探腦，好像總不敢見人。總是一到目的地就立刻將帶路的嚮導轟走，然後掏出來大批奇形怪狀的儀器對著地下山洞四處亂探，見到有人來，就馬上裝出若無其事的樣子。

　　儘管他們打著考察的幌子，卻對動植物最基本的普通常識都說不出，這一點是無論如何也騙不了當地人的。

　　澳大利亞著名的泰緬「死亡鐵路」研究專家羅德‧比特里說，他多次聽村民們說過日本人在祕密叢林裡，尤其是在鐵路沿線附近，手裡拿著儀器不停地轉來轉去。

　　其中一次，在桂河鐵路大橋附近一個當年的戰俘營旁，一群沒有經過當地政府批准的日本人，一邊看一張地圖一邊緊張地勘查著什麼。當地警察聞訊趕來時，日

本人聞風而逃。

　　儘管這位澳大利亞人認為，到目前為止尚無確鑿證據說明叢林裡隱藏著大量的財寶，但他證實說：「當年參加鐵路設計的一名日本工程師曾說，日本人曾用黃金葉作為工資付給他們，他還記得自己有一次一不心，陷進了齊腰深的金錠堆中的情景。」

　　此事很快引來日本、泰國、緬甸和美英等多國有關人士的興趣，但很多參加過二戰的軍事學家卻對這個傳說半信半疑。他們知道，1944年至1945年間，英國將軍威廉・斯林姆率領的盟軍向中南半島迅速推進，日軍從緬甸節節敗退，日軍確實在沿途祕密隱藏了大量不易攜帶的槍炮彈藥和其他物品。但是，由於當年負責埋藏的日軍不是戰死就是老死，少數知情的當地民工都被日軍殺死，五十多年過去了，這些軍火、物品早已不知下落。

　　操瓦立最終還是聽了老和尚的話，相信利差亞山洞確實隱藏有當年侵略軍掠奪來的東西，雖然現在無法證實到底是不是真有鉅額財寶，但起碼有日軍當年悄悄隱藏起來的槍炮彈藥或者其他的侵略罪證。

　　操瓦立說服了有關部門，不但在泰國激起一股尋寶熱，操瓦立和林業部長兼教育部副部長普羅為拉索・蘇

拉薩萬提之間，為尋寶還引發了一場震驚朝野的政治鬥爭。

原來，泰國教育部副部長普羅普拉索・蘇拉薩萬提實際上早在老和尚現身說法之前的1996年就堅信利差亞有日軍的祕密藏寶，並暗中進行了長達數個月的尋寶行動，卻沒有找到藏寶洞。

在他離開教育部副部長職位之前，又做了各種嘗試，但仍然沒有什麼進展。不過，他並沒有死心，當老和尚的傳說在泰國人人皆知時，他來個先發制人，還沒等操瓦立採取行動，他搶先批准八名尋寶隊員前往利差亞山洞尋寶。

他萬萬沒想到，在洞裡會發生一幕悲劇。八名尋寶隊員一個接一個爬進洞穴的深處，剛爬到裡面沒多遠，就感到悶得喘不過氣來。最後進洞的兩名隊員一看不對勁，趕緊拚命往回退才保住性命。先進入洞的六名隊員全部被困在洞中窒息而死。

慘禍發生之後，操瓦立和普羅普拉索・蘇拉薩萬提之間立即展開激烈的相互攻擊。普羅普拉索指責操瓦立聽信老和尚的話；而操瓦立反駁說，普羅普拉索沒有權力批准任何人進行程序不規範的尋寶活動；對此，普羅

普拉索反駁說，他的尋寶行動是經合法批准的。其中一次是由他的林業部批准的；另一次是泰國自然礦產部批准的，後者光是從自然礦產部租用科學探測儀就花掉了40萬泰銖。

操瓦立當時表示，他一定要徵得政府的同意開展新的尋寶行動。他說：「我這就打算讓泰國政府和最高法院判斷誰可以去尋寶。」

在他們兩人激烈辯論期間，非法尋寶造成人員傷亡的事件不斷發生，2001年新年剛過，又發生三名尋寶者死亡、四人重傷的慘劇，泰國政府決定要正式開始尋寶。

普羅普拉索卻突然向曼谷官方媒體宣佈：「既然操瓦立參議員這麼相信藏寶就在山洞裡，我準備批准他的尋寶計劃，但操瓦立參議員必須對可能給山洞造成的破壞負責，而且還得說清楚準備用何種方式進行尋寶行動。」

操瓦立說出了自己的行動方案：「我們將使用重型機械掘開石頭和沙土，考慮到洞內有炸彈或者祕密埋設的地雷陣，我們不打算用炸藥炸開入口。整個行動大概會持續一個月。」

他在接受曼谷媒體採訪時表示：無論如何，這次尋寶行動都會得出結論。如果真的找到了失落的藏寶，那

麼他將把他得到的所有的財富全部無償捐給政府，幫助泰國償還因為金融危機而負擔的外債；如果沒有找到藏寶，那就證明了流傳了五十多年的傳聞是假的，就會讓所有的尋寶人從此打消冒險的念頭，再不會因此而送命。

這個神祕的山洞裡到底埋藏著什麼？它是一個要人命的死亡之地還是一個堆滿金銀財寶的寶地？謎底還沒有揭曉，人們期待著這一天能很快到來。

14　布爾人的寶藏

人們都知道黃金和鑽石是南非最珍貴的天然寶藏。但是你知道南非的黃金和鑽石是什麼時候發現的嗎？南非最大的鑽石和黃金埋藏在哪裡嗎？

1867年，有個小男孩在奧蘭治河河畔發現了一顆重24克拉的鑽石，兩年後，又有兩個牧童在同一地區撿到一顆更精美的鑽石。這顆鑽重83克拉，價值在當時大約62.5萬法郎。

這一帶連續發現鑽石，很快引來一批批冒險家和採礦尋寶的人。在極短的時間內，這個過去人煙稀少的曠野，擠滿了帳篷和簡陋的小木屋。隨後，這個過去在地圖上找不到的小地方，就以當時英國殖民部長的名字命

名為金伯利。不久，一個新城市——金伯利拔地而起，到1872年該城已有5萬居民。

繼「鑽石熱」之後，南非很快又出現了「淘金狂潮」。人們先後在萊登堡和巴伯頓先後發現了可供開採的金礦礦脈，隨後英國人哈里遜又在沃特瓦特斯蘭德採金時發現了金礦。可當時的哈里遜已身無分文，便以50美元的價錢把他發現金礦的開採權賣給了別人，後來這一地區成為世界上最著名的黃金富礦。

隨後，南非的黃金地帶誕生了一座「黃金之城」——約翰尼斯堡。

十年之內，約翰尼斯堡迅速發展成為南非最大的黃金產地和擁有十萬人的現代大都市。當時南非的居民除了土著人外，還有布爾人。他們的祖先是歐洲的荷蘭人，從17世紀來到南非，大多以農業和畜牧業為生。他們在南非的土地上繁衍了三代之久，但還保持著自己的民族特點，成為南非土地上一個獨特的白人民族。

對於一向務農的質樸而剛毅的布爾人來說，一個全新的時代開始了。過去，他們曾為保護自己的家畜與秘魯人作戰，後來又為捍衛自己的獨立與英國人作戰，現在他們所要對付的則是淘金浪潮的猛烈衝擊。

英國總督羅得斯企圖在開普敦和開羅之間修建一條鐵路，他認為布爾人自己沒有能力發掘和管理這些財富，並決心要將威特沃特斯蘭德地區的黃金納入英國人之手。至於布爾人的反對呼聲，羅得斯根本沒放在心上。他認為，等待布爾人的將是與羅本古拉及其王國相同的命運。

1885年，英國人的火車從開普敦通到了金伯利，1892年延伸又到了約翰尼斯堡。接著從伊麗莎白港、東倫敦港、德班清和洛倫索——馬貴斯到約翰尼斯堡的鐵路線也相繼建成。

德蘭士瓦儘管擁有世界最大的金礦，但並沒有給當地的布爾人帶來財富和快樂。由於英國人千方百計想獨霸這一地區，他們與布爾人之間的爭執日益激化，為爭奪南非這塊寶地不斷發出鬥爭。

為了獨佔南非，英國人準備「採取行動」。1895年12月，羅得斯派詹姆森率領一支800人的軍隊越過國界。布爾人的總統克魯格決定馬上派軍隊去制止英國人的行為，他命令指揮官克羅耶帶領一個分隊襲擊英國人。在接近道爾卡普的地區時，克羅耶和他的狙擊手們包圍了詹姆森的部隊，經過一陣激戰之後，詹姆森被迫投降。

於是，雙方開始在倫敦談判。當談判陷入僵局後，英國從印度和地中海地區調來部隊，而布爾人則從德國購買了大量的軍火。他們一方面開始加緊戰備和加強安全防範，一方面開始實施他們的「布爾寶藏」計劃。

什麼是「布爾寶藏」計劃呢？

原來為了備戰，布爾人開始準備轉移和埋藏他們儲備的大量黃金和鑽石。

1899年10月10日，布爾人向英國政府發出最後通牒，限英國在24小時之內撤退駐紮在南非的英國軍隊，否則產生的所有爭端應該透過仲裁的方法進行解決。英國沒有接受布爾人提出的要求，由此爆發了英布戰爭。

當天下午，布爾民團截擊了英國人的火車後兵分兩路：一路向開普殖民地進軍，包圍了馬弗京和金伯利；一路向納塔爾進攻，包圍了萊迪史密斯城。布爾民團殲滅英軍2500人，繳獲大炮12門。布爾人初戰大捷，給英軍以沉重的打擊。英國政府下令增兵4萬餘人，攻打金伯利，布爾民團被英軍團團包圍之後無奈投降，戰爭開始向有利於英軍轉化。很快英軍佔領奧蘭治自由邦首府布隆方丹，兩個月後英國宣佈兼併奧蘭治。隨後英國軍隊攻佔了約翰尼斯堡，第二天德蘭士瓦首都比勒陀利亞

陷落。與此同時，布爾人的總統克魯格帶著一大批黃金逃往華特魯伯溫。

此後，英國人對布爾人採取焦土政策，搗毀他們的村莊，把所有人關入集中營。在英國人殘酷野蠻的鎮壓下，布爾人終於屈服。

布爾將領最終決定接受和談，並同意放棄獨立，從此這個富饒的黃金之國成為英國人的管轄區。

在戰爭期間，英國軍隊就已經在斯威士蘭的布萊末斯道普，發現了一個價值6000萬英鎊的金礦。戰爭結束後不久，有關「克魯格百萬寶藏」和「布爾寶藏」的消息開始流傳。英當局對此事極為重視，布爾人的將領也承認，他們確實有一大批寶藏，那是他們原本打算攻打英軍的軍用物資。

布爾人的確曾是世界上最富有的，因為在他們的腳下到處蘊藏著鑽石和黃金。但是，他們不願意讓英國人奪取或者佔有這些財寶。那麼，布爾人把他們的寶藏埋藏在哪裡了？布爾人的總統克魯格所帶走的那一大批黃金，後來又到哪裡了呢？

20世紀50年代和60年代，在南非出現了一批自稱曾參與「克魯格百萬寶藏」和「布爾寶藏」事件的人。

其中一位自稱叫維爾特的老人後來對人透露說：布爾戰爭期間，他曾在布爾人的南非共和國警察部隊服役，負責看守戰俘。在被俘的英軍中，他恰巧碰到了後來曾兩次出任英國首相的丘吉爾。

那時的丘吉爾在英國第四輕騎兵服役，幾年後辭去軍職，應倫敦《晨郵報》之約到南非採訪戰爭新聞，後來被布爾人捉住。維爾特曾幫助丘吉爾成功地逃脫。以致於後來，丘吉爾首相還給他本人寫了封信表示感謝。

1901年初，維爾特被派去執行一項特殊任務，就是把一批特別重的彈藥箱從火車上轉移到馬車上，然後再埋藏起來。

當埋藏那批「彈藥」時，部隊中曾有人說箱子裡面裝滿了鑽石和黃金，他自己也覺得箱子確實重得異常。因為普通的彈藥箱兩個人就可以抬起來，但這種箱子卻至少需要四個人才能抬起來。不過當時，他的上級對此極為謹慎，因此在藏寶的過程中誰也不敢多問。

一年之後布爾戰爭結束，英軍當時已控制了全國，他們的部隊又要去執行「特殊」任務。為避免沿途遭遇英軍襲擊，他們沿途換了好幾次車。半夜時分到了一個地點，按照軍官指定的位置，他們開始挖掘一個深達好

幾公尺的洞穴。然後，和一年前一樣，一個接一個，又把帶來的一些特重的箱子放進了洞穴裡。為了和當地的布爾軍隊取得聯繫，他們於次日凌晨出發，到了第三天傍晚，他們穿過曠野來到了一個荒廢的農場裡。突然，機關鎗從四面射來，所有參與埋寶的人都中了彈，維爾特也因中彈昏了過去。後來他才知道，他是那次藏寶事件中唯一倖存的人。

幾年後，他也曾想找到那個地點，但因當時是在深更半夜，怎麼也找不到了。

令人疑惑的是，當維爾特把布爾人的寶藏事件透露不久，1964年，有人試圖再找他去尋寶時，才發現他突然莫名其妙的被人殺害了。

有人說，維爾特確實是布爾人在最後掩埋寶藏時唯一的倖存者。但也有人持不同的觀點，他們認為有關「克魯格百萬寶藏」和「布爾寶藏」還會有知情人不斷放出消息，至於究竟如何，我們只能拭目以待。

15 巴克特里亞寶藏

前　蘇聯入侵阿富汗之前，考古學家維克托・聖里耶尼迪斯在阿富汗北部地區的古代墳墓和考古遺址中，發現了「巴克特里亞寶藏」，是世界上最有考古價值的「寶藏」之一。出土了2萬件精美的古代黃金製品。其中，最引人注目的有三樣，一頂金冠，一個用純金打造的希臘神話中「愛與美」女神阿芙洛狄忒的飾物，還有一柄用寶石鑲嵌的短劍。這些文物出土之後，馬上被送到阿富汗首都喀布爾的國家博物館裡收藏起來。

　　沒過多久，阿富汗就捲入了長期的戰爭漩渦，該寶藏一直下落不明，人們對其命運曾有過種種猜測，有的

說寶藏已被前蘇聯官員偷運到莫斯科，還有的說隨後控制阿富汗的塔利班政權找到了寶藏，並把古老珍貴的黃金製品偷偷熔化成了金條。直到有一名阿富汗男子說人們的種種猜測都是錯誤的，他說這筆寶藏根本就沒落入塔利班人的手裡，還自稱他知道這批寶藏的下落。這個人是誰？他是信口亂說，還是真正瞭解寶藏的內幕？

這名阿富汗男子名叫阿斯克扎伊，他是當年負責守衛「巴克特里亞寶藏」的阿富汗中央銀行職員之一。這是他首次向外界披露當年守衛寶藏的經歷：1989年，隨著戰爭的擴大，當時在位的阿富汗臨時總統納吉布拉命令警察轉移「巴克特里亞寶藏」。警察把成箱的寶藏裝進7輛貨櫃車裡，從喀布爾國家博物館運送到當時最安全的阿富汗總統府。隨後，寶藏被藏進總統府達努拉曼宮祕密的地下寶庫裡，寶庫有七扇鋼門，每扇大門上都有一把堅固的鎖。阿富汗政府又從中央銀行挑選出七名忠實可靠的職員保管這七把鑰匙，並且負責保衛這座寶庫，阿斯克扎伊就是這七名職員之一。

塔利班政權統治喀布爾後，一直試圖找到這座寶庫。有一天，塔利班得到一些藏寶線索，派了十名手下和一些珠寶商來到總統府達努拉曼宮，他們掏出手槍頂

住阿斯克扎伊的頭，命令他帶他們去找寶庫。當時的情況非常危急，阿斯克扎伊被迫打開一扇裝有很少黃金的寶庫門。

這裡只有很少的黃金製品，真正的大部分寶藏藏在另外一扇門裡。塔利班見到這麼少的黃金製品，非常不滿意。他們一再追問還有沒有其他黃金或寶藏，但阿斯克扎伊始終一言不發。惱怒的塔利班把他抓進監獄，關了他3個月又11天。那段日子裡，阿斯克扎伊飽受折磨，多次被塔利班嚴刑拷打，但是他一直沒說出寶庫的祕密。

阿富汗財政部長加尼也證實了這一點。他說，保護寶庫的阿富汗中央銀行職員在塔利班進入喀布爾後，冒著生命風險沒有透露這個寶庫的祕密，阻止了塔利班奪走「巴克特里亞寶藏」。而當年的寶藏守衛者卻為此付出了許多，七個人中除阿斯克扎伊外，有的已經死亡，有的一直下落不明。那麼，巴克特里亞寶藏現在身在何處呢？

聽厭了爆炸聲的阿富汗人終於盼來了好消息。在大批高級官員陪同下，阿富汗過渡政府總統卡爾扎伊在首都喀布爾，向外界展示了一個裝滿金磚的木頭盒子，同時宣佈阿富汗具有傳奇色彩的寶庫時隔十四年後，又重

見天日。專家認為，寶庫的開啟還將揭開阿富汗「巴克特里亞寶藏」的神祕面紗。

　　這批寶藏位於阿富汗總統府達努拉曼宮的地下拱頂中。據《紐約郵報》報導，卡爾扎伊和阿富汗財政部長加尼等官員進入拱頂，他們看到了大量排列整齊的木盒子，每只盒子裡塞著三塊黃澄澄的金磚，此外還有大量珠寶和文物。據阿富汗中央銀行行長透露，這一寶藏是查希爾國王當政期間累積下來的。大部分是在蘇聯入侵阿富汗前，由考古學家維克托·聖里耶尼迪斯，從古代墓地中挖掘出來的珍品。

　　過渡政府拒絕透露寶庫中的金磚數量，但表示將由阿富汗中央銀行行長、財政部長和司法部長組成的一個專門委員，會負責對拱頂中的珠寶進行統計，統計結束後會馬上向外界正式公佈。據初步估計，該寶藏的價值約為9000萬美元，加上在美國紐約聯邦儲備銀行的黃金儲備，阿富汗全國黃金儲備將達3.5億美元。對貧窮的阿富汗而言，此次的發現的確是一次巨大的收穫。

　　許多考古學家相信，歷史悠久的阿富汗藏有大量價值

連城的寶藏。在當地人的傳說中，「黃金山」大夏金庫和「巴克特里亞寶藏」都有大批金銀珠寶和古代書籍手稿，而後者因為與總統府達努拉曼宮有密切關係而受到更多關注。人們相信，此次發現就是「巴克特里亞寶藏」的一部分。

16 「阿波丸」號沉船寶藏

　　二戰已接近尾聲，一艘掛著太陽旗的運輸船，悄悄駛入台灣海峽。它就是有名的「阿波丸」號，被稱為「幸運之神」。

　　「阿波丸」號裝載800多噸物資，從日本門司起航，途經台灣、香港、西貢、新加坡，到達印度尼西亞雅加達港口。駛向東南亞，並從東南亞帶回2000名乘客。同時，它還祕密的裝運了300噸橡膠、3000噸錫錠、2000噸鋼鐵、還有40噸黃金、12噸白銀、50箱工業鑽石、50箱珍珠瑪瑙和貨幣，總數達50億美元。

　　「阿波丸」號駛入台灣海峽，在值班巡邏的美國「皇后魚」號潛艇發現了「阿波丸」號。經過測定，行

駛目標航速達18海里，拉福林認為一般非軍事船隻沒有如此快的航速，他們斷定這是一艘日本的驅逐艦。艇長拉福林命令緊緊跟蹤這個目標。

「阿波丸」號船長發現「皇后魚」號已逼進，但是他並沒有在意，照樣快速前進。「皇后魚」號發出「停船檢查」的信號，「阿波丸」號船長置之不理。拉福林艇長立即下令「魚雷攻擊」，四枚魚雷擊中「阿波丸」號，船斷為兩截，慢慢地沉入海底。

「阿波丸」號上裝載著什麼？為什麼「阿波丸」號對「皇后魚」號發出的受檢信訊置之不理？難道阿波丸上隱藏著什麼驚世的祕密？

1972年，美國總統尼克森首次訪華期間，外電紛紛報導說他帶給中國一份厚禮，衛星探測出「阿波丸」號沉船的準確位置。據美國人講述，「阿波丸」號船上有三個特製的保險專櫃，裡面有貴重物品。

美國和德國的另兩位潛水專家，也都寫信給中國政府，他們提供資料斷定：「阿波丸」號上裝有黃金40噸，白金12噸，未加工鑽石15萬克拉，工藝品40箱，錫3000噸，橡膠2000噸。鋁2000噸，還有美、英幣數捆。1976年，美國《共和黨報》也報導了「阿波丸」號上裝

載黃金40噸，白金12噸，工業金剛石15萬克拉，還有大捆紙幣、人工製品、工藝品、寶石40箱。

但日本在向外界提供的資料聲稱，「阿波丸」號上主要裝載有新加坡的貨物9812噸，其中有橡膠、錫、鋁、大米。另外船上還有3個金庫，專放一些貴重物品、金幣、外幣等，並沒有提及26卡車的黃金。

中國政府向世界公佈，準備打撈已沉船的「阿波丸」號。此項工程為「7713工程」。

1977年3月，中國打撈公司的調查船和海軍合作，奔赴沉船地帶。經過一個多月的勘察、測量，終於發現了目標。歷時三年，「阿波丸」號才被打撈上來。

可令人疑惑的是，「阿波丸」號船身上莫名其妙的多了一個洞，對照當年的存貨記錄，其他貨物全部找到，但唯獨沒有找到傳說中的40噸黃金、12噸白金，以及大批的工業鑽石都沒有蹤影。

●┈┈┈┈┈┈┈┈┈┈┈┈┈┈┈┈┈┈┈┈┈┈┈┈┈

從「阿波丸」號裝上貨到被擊沉，中間並未停靠岸，那麼40噸黃金怎麼會不翼而飛呢？會不會有人趕在中國政府之前把它拿走了呢？

　　潛水員在第一年打撈的時候就曾發現了兩樣東西，一個是重裝潛水員的鞋底，還有一個證物是從露天駕駛台通往駕駛台的傳話筒。

　　對這種推測，有人認為在現實中成立的可能性並不大。因為打撈「阿波丸」號並不是件輕而易舉的事，需要有正規的打撈船在沉船海域長時間的作業，而牛山海域所處的位置也決定了任何在這一海域的活動，都很難避開台灣海峽兩岸軍隊的監視。

　　究竟有沒有人搶先進行過打撈、他們到底是誰？最終找到了什麼？直到現在，這些問題也沒有確切的答案。

皇室寶藏之謎

01 尼伯龍根寶藏

1755年6月，醫生赫爾曼‧奧伯萊特在埃姆斯河上游旅遊，被獲准參觀附近策爾伯爵的城堡。城堡最特殊之處是有一座兩層樓高的圖書館，裡面放滿了塵封的古籍。醫生是個愛好古書之人，在裡面一待就是大半天。他意外的發現了兩本用羊皮紙裝訂的大開本古文手抄本，書是用毛筆定局成，雖已被蟲子咬過，但裝飾有花邊，看得出裝訂得十分精緻。尤其值得注意的是，內容是講述克琳希爾德的故事，但名字卻直接叫做《尼伯龍根寶藏》。人們猜測，寫書的人可能是帕騷的主教或者沃爾姆斯修道院裡的教士。這似乎再次證明《尼伯龍根之歌》裡，談到的尼伯龍根族的寶藏是確有

其事。

《尼伯龍根之歌》是歐洲中世紀著名的三大英雄史詩之一。全詩分為《西格弗理德之死》和《克琳希爾德的復仇》兩部分。傳說尼伯龍根寶藏由巨龍看守，尼德蘭王子西格弗理德憑藉英勇和機智殺死了巨龍，以龍血沐身，成了力大無窮的勇士，並佔有了尼伯龍根族的寶物。

西格弗理德擁有了這筆寶藏，就擁有了娶美女的條件，他聽說勃艮第國王貢特的妹妹克琳希爾德非常漂亮，就前往求婚。此時國王貢特也在為自己的婚事發愁，他想娶冰島女王，但是怎麼也娶不到手。正好西格弗理德來到宮殿求婚，貢特說：「想娶我妹妹也行，但是必須答應我一個條件。」他讓西格弗理德幫助他打敗薩克遜人，娶到冰島女王，西格弗理德並不認為這是件難事，便很爽快的答應了。他利用自己的隱身帽冒充貢特國王，戰勝了好戰的冰島女王布琳希爾德，她嫁給了國王貢特。西格弗理德也如願以償地以與克琳希爾德結了婚。一次，姑嫂之間發生了爭執，克琳希爾翻起了舊帳，把國王貢特當年如何求助西格弗理德的事都說了出來。知道真相以後，布琳希爾覺得很沒面子，她暗中唆

使貢特的侍臣哈根趁西格弗理德打獵去泉邊喝水時暗殺他。

西格弗理德死後，克琳希爾德用12輛馬車把尼伯龍根寶藏轉移到沃爾姆斯。可惜，這批寶藏終究還是被哈根搶走了。史詩說哈根把寶藏放在洞裡，沉沒在萊茵河裡。丈夫被殺，寶藏被奪，克琳希爾德自然發誓要復仇。

這是一部英雄史詩，誰會把這些傳說當真呢？可是那些冒險家、想一夜暴富的幻想家還是相信這筆寶藏仍然存在。尤其是，不時傳來發現寶藏的消息，更證實了尼伯龍根寶藏並非傳說，這些冒險家相信這筆寶藏或許就藏在東歐的某個山洞裡，或埋在萊茵河厚厚的泥沙之下，等待他們去發現。

但是往往刻意尋找寶藏的人什麼也得不到，無心尋找寶藏的人卻歪打誤撞遇上寶藏。

1837年兩名採石工，在搬運大石頭時，偶然發現了一筆寶藏，在兩塊大石頭之間發現一堆堆金燦燦的金子，上面被一個很大的純金打造的圓盤覆蓋著。再挖下去，數不清的金盃、金壺、精美的純金髮夾、別針、扣環等物露出地表，所有的東西都鑲嵌著大大的寶石，璀璨奪目。最後，他們整整挖出了重達75公斤的黃金，這

是迄今為止，所找到的中古歐洲民族大遷徙大動盪時期的最大一筆寶藏。

可惜，這兩個採石工根本不認識黃金，也有可能這些黃金得來得容易，他們懷疑這些東西有可能是黃銅吧！到底這些金燦燦的東西值不值錢啊！他們急忙找到石匠維魯斯，他可是一個見多識廣的名人，他肯定知道這些東西的價值。維魯斯拿起一塊黃金，口水都快流出來了，但是他很快鎮定下來，漫不經心地放下黃金，含糊其辭的說這些東西不值錢，給他們500馬克，還有一些舊衣服生活用品。對於這兩個採石工來說，這已是一筆很大的報償，他們心滿意足的回家了。

維魯斯興奮得日夜不能入眠，他簡直不相信自己轉眼之間就成了一個大富人。可是，不知怎麼走漏了風聲，國王的弟弟親自帶隊來逼問維魯斯，維魯斯被逼無奈把人們帶到鄰近的一條小河旁，指出本應該屬於他的那筆寶藏埋藏地點。但他們只找到一小部分財寶，維魯斯聲稱其他部分肯定是河水漲潮時被沖走了。

這些文物有的已經嚴重損壞，只及時搶救出12件文物，經過艱難的修補後，它們重放光彩，參加了1867年巴黎世界博覽會，成為當時的頭條新聞。隨後，它們被

送回布加勒斯特博物館。

好東西總會有人惦記，這筆寶藏就被一個窮小子惦記上了。偏巧博物館的工作人員沒有還沒把這些昂貴的文物當成寶物，保全更是漫不經心。這樣肯定會出事。

1875年11月，一個風雨交加的夜晚，這個「人窮志短」的大學生偷走了文物，他打算賣掉它們，一夜就可以暴富，也不用等著拿大學畢業證書了。接著和現在演電影一樣，警察們緊急出動，全城搜捕。終於在一個珠寶商那裡逮個正著，坩堝上正放著準備熔化的金飾。只要晚來一步，這些珍貴的文物就會被煉成一塊毫無想像力的金塊了。根據線索，警察順利找到了那個偷竊的大學生，其他寶物他還沒來得及脫手，人們在他的鋼琴裡找到了剩下的寶藏。

隨後，接二連三的厄運降臨到這批寶藏的頭上，因為它們太值錢了。

文物失竊後不久，博物館又著起了大火，最後關頭雖被搶救出來，但是文物被損壞的部分，金匠們花了一年的時間仍然無法讓它們恢復原來的美麗。

隨後戰爭就爆發了。第一次世界大戰的時候，為了不讓這筆寶藏落入德國人手中，它們被轉移至雅西。然

而，1916年，它們卻又被俄國人搶走。四十年後，1956年，這批歷盡劫難與滄桑的寶藏才重新回到布加勒斯特。

人們懷疑這筆寶藏就是尼伯龍根寶藏的一部分。

隨後被人們發現的「瓜拉薩寶藏」，有些人認為它其實就是尼伯龍根寶藏。

1858年，一對農民夫婦十分偶然的，在西班牙瓜拉薩殘餘的舊城牆下發現了一批寶藏，其中最珍貴的是9個用純金做成的，有無數珍珠和寶石裝飾的王冠。最大的一頂上刻有「國王瑞斯委茲保佑」字樣，它應該屬於公元650～672年在位的西哥特國王。後來，這批寶藏被走私到法國。

西班牙人認為他們是西哥特人的正宗後裔，他們堅決要求法國政府歸還寶藏，雙方為此長期爭吵，無法了斷。後來，在瓜拉薩，西班牙人還發掘出另外兩頂還願王冠，一頂屬於國王斯維提拉，一頂屬於修道院院長特奧多修斯；還有一個用純金製成的十字架，是大主教特提烏斯的遺物。

　　所有這些就是尼伯龍根寶藏嗎？它們已經全部被發掘出來了嗎？還是，它們只是另外一些古老傳說中日耳曼首領的財寶？

　　20世紀70年代，美茵茨的前市長、工程學博士漢斯・雅各彼，準備向他的前輩施里曼學習，手捧《尼伯龍根之歌》，開始尋夢。

　　雅各彼博士認為史詩始終圍繞著寶藏展開，因此，寶藏肯定是實有其事的，並不是中世紀的僧侶和行吟詩人們天馬行空虛構的。日耳曼部落通常在受到危險的時候，把國王的寶藏埋藏起來或扔進河裡。因此史詩裡所說的哈根把它放進洞裡，沉沒在萊茵河裡，是民族的固有習俗。

　　雅各彼博士相信以前發掘的那些寶藏，都是其他日耳曼部落東哥特人和西哥特人首領的寶藏，真正的尼伯龍根之寶應該還在萊茵河底。並且，為了掩人耳目，按照常理推斷，應該在河水最深且最不易發覺的地方。

　　為此，他作了周密的準備，弄清萊茵河河床幾百年來的變化。萊茵河平均只有幾公尺深，但在離沃爾姆斯15英里遠的格爾默爾斯海灣處，萊茵河轉了個幾乎180度的大

彎，河水也特別深，水流十分強大，而且河床上滿是沖蝕而成的洞穴。因此，雅各彼博士打算從那裡入手，配備了現代化的科學儀器，諸如：探測器、雷達、潛水鏡等設備。雅各比博士的猜測是否正確呢？世人都在翹首以待。

02 攝政王后的寶藏

恩堡是法國南部科爾比埃山上的一座小城鎮，雷恩堡的教堂聳立在山頂上，只有一條崎嶇的山路通往這裡。

據說在17世紀，牧羊人伊卡斯·帕里斯在教堂附近發現了藏著金幣的古墓。二百年過去了，人們已經忘記了這件事情。可是1892年，雷恩堡教堂神父貝朗熱·索尼埃又意外的進入了這個神祕的地下古墓，一時之間，成為轟動法國的奇聞。

雷恩堡雖然地處偏僻，但是奇聞不斷，有著神祕的傳奇色彩。雷恩堡教堂附近有一位牧羊人伊卡斯·帕里斯，他在尋找丟失的母羊途中，突然發現地面上有個洞

穴，他懷疑母羊掉進了這裡，於是走了進去，發現裡面有條深不見底的地道。他沿著地道一直往前走，最後走進一座擺滿屍骨和箱子的地下墓穴。帕里斯先是驚恐萬分，但很快又平靜下來，他打開箱子，裡面全是金幣。帕里斯拿了一些金幣後，匆忙跑回家裡。

帕里斯一夜暴富的消息馬上傳遍了雷恩堡，人們對他的金幣來歷充滿懷疑和猜測，對此，他沒有做出任何解釋，始終保持沉默。結果他被指控為偷竊罪，最後冤死在獄中。臨死之前，他也沒說出地下古墓的祕密。直到二百年以後人們才知道事情的真相。

1892年，市政撥款修繕雷恩堡教堂，由該教堂索尼埃神父負責具體修繕工作。

一天上午，泥瓦匠巴邦在修繕教堂屋頂時，讓神父幫他抬一根空心圓木柱做正祭台的柱子，神父從幾根柱子裡隨手挑出一根，不經意的向圓柱裡看了一眼，突然發現柱子裡面藏著一卷陳舊的羊皮紙，紙上寫著一些帶拉丁文的古法文。索尼埃憑直覺感到這不是一段普遍的文字，肯定裡面隱藏著什麼祕密。於是他裝出若無其事的樣子對泥瓦匠說：「這是大革命時期的一堆廢紙，沒有什麼價值。」

　　中午，泥瓦匠在飯館吃飯，對周圍人講起了此事。很快鎮長就來找索尼埃神父過問此事。索尼埃神父把羊皮紙拿給鎮長看，可是鎮長不認識幾個字，羊皮紙上的字一個也沒看懂，事情就這樣平靜了下來。

　　索尼埃神父找個藉口停止了修繕教堂的工作，他迫不及待的想弄懂這卷羊皮紙上的文字。經過一段時間的研究，他認出上面寫的是《新約全書》裡的一段內容，發現上面還有法國攝政王后布朗施・德・卡斯蒂耶的親筆簽字和她的玉璽印章。

　　這段《新約全書》的真正含義是什麼？為了解開這個謎團，索尼埃神父來到巴黎，求助於幾位資深的語言學家。為了保守羊皮紙上的祕密，他只給語言學家們看了一些片段。在語言學家的幫助下，他領悟到這段文字的內容跟法國女王的鉅額寶藏有關，但是上面沒有寫出藏寶的具體地點。

　　索尼埃神父冥思苦想了很久，也沒弄清楚這筆寶藏藏在哪裡。索尼埃神父決定先在教堂裡尋找，但是沒有發現任何痕跡。

　　一天，神父的妻子瑪麗在公墓中散步，突然看到從奧特布爾・白朗施福爾伯爵夫人墓上掉下的一塊墓誌

銘，上刻著文字與羊皮紙上的文字完全相同，寶藏會不會藏在這座古墓下？

神父和妻子瑪麗在公墓裡尋找了幾天，都沒有新的發現。一天晚上，他們終於從伯爵夫人的墓誌銘中得到啟示，在一個被稱為「城堡」的墓地下面發現了一條地道。他們順著彎曲的地道前進，走進了牧羊人帕里斯發現的那座古墓，墓穴裡堆滿金幣、首飾和一些貴重的物品。索尼埃神父和妻子望著這些財寶興奮得手舞足蹈，但是神父很快想到藏寶人的後代會不會也知道這筆財富？

神父和瑪麗從墓室裡拿出很多金幣和首飾，把那卷神祕的羊皮紙藏在地下墓室，然後封閉了墓穴。仔細的掩蓋好地下墓室的入口，偷偷刮掉伯爵夫人墓石上的銘文。這一切都做得天衣無縫，無人知曉。

神父和瑪麗還擬定了一個掩人耳目的方案：讓索尼埃神父先去西班牙、比利時、瑞士、德國，把金幣兌換成現鈔，隨後用瑪麗·德納多的名義透過郵局寄到庫伊薩鎮。不久，索尼埃神父就成了腰纏萬貫的大富翁。他翻修了教堂和自己的住宅，又置田買房，還為公墓築起了圍牆。

這一切突如其來的變化引起小鎮各個部門的關注。

暴富帶來的一系列麻煩接踵而來，先是鎮長，後是主教、大主教、教皇都過問此事。雷恩堡鎮鎮長特地找來神父，詢問他的經費來源，還指責他貪污、浪費公款、糟蹋公墓。索尼埃神父告訴鎮長，他繼承了一位在美洲生活的叔父的遺產，並送給了鎮長5000枚金幣，鎮長再也沒有過問此事。接下來負責管轄雷恩堡鎮教堂的大主教比拉爾，對索尼埃神父進行調查，但是索尼埃神父的金幣又使這次調查不了了之。

1897年，索尼埃神父興建貝達尼亞別墅，這座帶圍牆和塔樓的別墅花去了100萬金幣。為了四季能觀賞鮮花，神父還蓋了一座暖房，還有供洗澡用的豪華浴室。與此同時，索尼埃神父對公益事業也很熱心，他擬定了一個美化雷恩堡的新方案。他要修築一條通往庫里伊薩的公路，在雷恩堡興建引水工程、水利設施，以及再蓋一座塔樓供居民使用，購買一輛汽車來運送鎮民等。他的預算開支是80億法郎。由此可見，雷恩堡的這筆財寶數額有多大。

1917年，索尼埃重病身亡，只有瑪麗一個人知道這筆財寶的祕密。後來，瑪麗結識了諾爾·科比夫婦，她覺得科比是一個誠實可靠的人，她決定將寶藏的祕密告

訴他。她對科比說：「你不用擔憂，將來你會得到花不完的錢！」

「您從哪裡去拿錢呢？」科比問道。

「這個你放心，我臨終前會把一切都告訴你。」

一天，瑪麗卻突然不省人事，還沒來得及把藏寶的祕密告訴科比，她就去世了。科比像一隻無頭蒼蠅般在雷恩堡到處亂找，企圖找到這筆價值185億法郎的財寶。科比花了十二年的時間尋找這筆寶藏，但是一無所獲，終止了尋寶行動。

●┈┈┈┈┈┈┈┈┈┈┈┈┈┈┈┈┈┈┈┈┈┈┈┈┈┈┈┈┈┈

這筆財富至今已有七百多年的歷史了。這筆寶藏的主人到底是誰？

卡爾卡松市的歷史學家們認為：這筆鉅額寶藏是1250年法國攝政王后布朗施‧德‧卡斯蒂耶，藏在那裡做應急用的。可是攝政王后為什麼把這筆寶藏藏在雷恩堡這個荒涼偏遠的地區呢？

歷史學家是這樣解釋的：1250年2月，法國下層勞動人們組織的武裝暴動，席捲了法國的北部和中部。為了躲避暴動，卡斯蒂耶攝政王后帶人來到了雷恩堡，因為雷恩

堡有兩大優勢：

　　第一，雷恩堡四周有堅固的城牆，易守難攻，被認為是一座攻不破的城堡。而且城堡背靠著大山、密林，有很好的退路。第二，雷恩堡位於通往西班牙的路上，必要時可以退到西班牙躲避。

　　所以，攝政王后把雷恩堡作為臨時的政府，把一筆國庫巨寶埋藏在當年稱之為「城堡主塔」底下的一個祕密地道，作為她以後需要時的儲備金。

　　攝政王后死後，臨終前她把這個祕密告訴了兒子聖路易國王。聖路易國王殺死了所有知道這個祕密的人，十分警惕的守衛著這筆巨寶。聖路易國王臨終前把這個祕密告訴了他的繼承人菲利普國王。他也同樣謹慎的守護著這筆財寶，把知道內情者全部處死，只保留了一卷羊皮紙。但是，菲利普還沒有來得及把這個祕密告訴別人就去世了。1654年，人們重建雷達鎮，並改稱為雷恩堡。從此，這筆財寶的真正下落就成了難解的歷史謎團。

　　幾百年過去了，索尼埃神父夫婦有幸發現了這筆財寶，但是沒有留下任何線索就去世了。如何才能找到埋藏在古墓底下的幾十億財寶，成為現代尋寶人的難題。

03　哈布斯堡家族寶藏

到維也納旅遊的人必定要去參觀藝術史博物館，它位於維也納中央廣場，收藏著哈布斯堡王朝的珍品，其藏品的豐富與珍貴在歐洲首屈一指。鑲嵌著藍寶石的純金皇冠、碩大的綠寶石以及各種做工精美的金銀餐具、器皿等，令幾百年後的人們嘖嘖稱奇、歎為觀止。

　　哈布斯堡家族收藏的最古老一件藝術品是一支叫「奧立凡特」的號角，1199年，由哈布斯堡家族的阿爾伯切特三世伯爵，送給一個瑞士大寺院，五百多年後又被作為禮物送還給哈布斯家族。號角本是中世紀人狩獵時普遍使用的東西，但這個號角卻非同尋常，它是用象

牙做的，花紋極其複雜精美。

16世紀以前的收藏品十分稀少，因而也就格外珍貴。其中，一只水晶高腳杯原屬於弗雷德里希三世，它的做工精巧，底座上刻著弗雷德里希三世那句豪氣沖天的銘言：「奧地利帝國注定將統治世界。」奧地利確實也在世界上扮演著上帝的代言人角色。它成為歐洲歷史上統治時間最長、人口最多、領土最為廣大的一個王朝。

公元996年，奧地利這個名詞首次在歷史文獻中出現。在此之前，奧地利是古羅馬帝國的將士們抵禦北方克爾特人侵襲的堡壘。隨後，這裡陸續居住過魯吉爾人、黑魯勒爾人、倫哥巴人、斯拉夫人和阿瓦爾人。976年，卡洛林王朝的奧托一世皇帝，把這塊土地作為封地賜給了巴奔堡家族。

13世紀初巴奔堡王室絕嗣，哈布斯堡王朝建立。魯道夫·哈布斯堡在打敗了波希亞人之後，開始了此後持續六百餘年的哈布斯堡家族的統治。

哈布斯堡家族強大的實力與明智的外交政策，使他們的版圖迅速的擴張起來。哈布斯堡家族擴展自己勢力的一個有效辦法是聯姻。馬克西米利昂一世娶勃艮第的公主瑪麗亞為妻，獲得了法國、尼德蘭、比利時的大片

領土。他的兒子菲利浦的婚姻又帶進了西班牙的大片領土。到了他的孫子卡爾五世的時代，哈布斯堡已經成為歐洲最強盛的一支王族。

卡爾五世不僅是德意志神聖羅馬帝國的皇帝，同時還是西班牙國王和那波利、西西里、沙丁的統治者。西班牙在南美的殖民地也因此進入了奧地利的版圖。當時流行的一句話正好說明哈布斯王朝的用心：「啊，幸福的奧地利，結婚吧！」

聯姻政策不僅為哈布斯堡家族帶來廣大的領土，也使其財政獲利豐厚。馬克西米利昂娶了法國勃艮第公爵的女繼承人瑪麗勃艮第，她不僅為奧地利帶來了法國、尼德蘭、比利時的大片領土，其豪闊的嫁妝也著實讓哈布斯堡家族大撈一筆。據說，瑪麗的嫁妝足足裝了400輛車子，金銀、琺瑯、水晶、瓷器等琳琅滿目，美不勝收。勃艮第家族的奇珍異寶讓馬克西米利昂大開眼界，他抓住這次機遇，把它視為難得的一次外交機會。

後世很多學者認為，馬克西米利昂，成為舉世聞名的哈布斯堡家族豐厚收藏品的奠基人。今天人們在維也納博物館珍藏的一只高腳杯上，可以看到馬克西米利昂的畫像，這只杯子也被稱為「馬克西米利昂高腳杯」。

金杯的周圍點綴著金珠，從杯蓋上伸出掛著一個石榴的樹枝，象徵著王室的美德。這件藝術品是文藝復興時期著名畫家辛勒的傑作，藝術價值非常高。

18世紀初，哈布斯堡王朝領土空前廣大，一派太平盛世景象。哈布斯堡家族開始向藝術領域涉足。自查爾斯五世開始，歷朝歷代的王室成員都悉心收藏珍寶，家族甚至於1364年做出規定：「不管我們當中的哪一個人擁有珠寶、現金或財產，也不管我們是買來的還是佔有的，這些東西，包括珠寶、金幣、銀幣、金飾、銀飾、寶石、珍珠，不論何種形式、何種樣子，它們都是我們的共同財產。」

有兩件特別的東西是哈布斯堡家族的傳家之寶。一件是獨腳獸之角，因其神祕與稀有，在中世紀有著豐富的神話與宗教內涵；另一件是一只巨大的瑪瑙碗，此碗大約造於公元3世紀羅馬帝國時期，到哈布斯堡王朝時期它已經是一個有900年歷史的老古董，所以顯得分外珍貴。這兩件稀世珍寶被哈布斯堡家族代代相傳，並定下永不許割讓、典當或出售的家訓。

在哈布斯堡家族的歷史上，狂熱的藝術品愛好者和贊助者比比皆是，馬克西米利昂的女兒瑪格麗特，是哈

布斯堡家族第一個偉大的藝術品愛好者。還有斐迪南二世大公，他將終生的精力都放在收集和製作珍寶上，他的許多日用品都是一件件精美絕倫的藝術品。

瑪利亞・特蕾西女王是哈布斯堡家族統治歷史上，最具有聲望的一位國王，被稱為「國母」。她執政期間推行一系列促進商貿、改良機構、普及教育的政策，為奧地利歷史寫下了輝煌的一頁。同時，她還是16個孩子的母親，她為他們精心安排了與歐洲各王室的聯姻，確保了奧地利帝國的強大與和平，而哈布斯堡帝國的勢力也因此擴大至整個歐洲。

他們的足跡留在了歐洲各國的藝術博物館裡，比如在西班牙的普拉多博物館，其奠基者就是哈布斯堡王朝。自1819年開館後，皇室藏品逐漸移入館內。然後透過國家從藝術市場或展覽會選購，或由私人捐贈，館藏日豐。

哈布斯堡家族收藏中有一塊巨大的天然翡翠，它出自著名的雕刻家狄奧尼索米索羅尼之手，這塊翡翠重達2600克拉，是非常罕見的曠世奇珍。雕刻這塊翡翠的米索羅尼整整花了八年時間，他隨著翡翠的天然形狀，將它雕成瓶子的形狀，通體碧綠晶瑩，美不勝收。

　　有繁榮就必將有衰敗，這個統治歐洲六百多年的家族，在一系列的滄桑巨變中逐漸走向沒落。

　　1914年，奧匈帝國哈布斯堡家族成員弗朗西斯斐迪南大公在薩拉熱窩被暗殺，成為第一次世界大戰的導火線。一戰結束後，帝國解體，成立共和國。哈布斯堡家族最後一位國王卡爾一世被迫流亡，哈布斯堡家族退出了歷史的舞台。

　　最近的一則大新聞，重新勾起世人對這個龐大家族的好奇。人們又開始關注哈布斯堡家族的後裔流落到何方？過著怎樣的生活？

　　2003年7月，一個重大話題佔據了捷克大小報刊的頭條：哈布斯堡家族的後裔，弗蘭茨·尤爾瑞奇·肯斯基要求收回原屬於哈布斯堡家族的財產，總價值高達15億歐元。

　　弗蘭茨·尤爾瑞奇·肯斯基被媒體稱為「憤怒王子」，其曾祖父是維也納哈布斯堡王朝的成員費迪南王子。斐迪南王子去世時，留給子孫一份遺產。經歷兩次世界大戰之後，這份遺產早已被戰火與時局蠶食殆盡。

　　弗蘭茨·尤爾瑞奇·肯斯基4歲時就被流放。如今，時隔近一個世紀，他舊話重提，向捷克政府要求歸還應屬他名下的財產。這一份清單包括6座城堡以及城堡裡的古董傢俱、金銀器皿、11件價值連城的17世紀地毯、277幅由哈布斯堡王朝收藏的油畫和木刻。

　　最後還有他所認為的其他零碎產業：數幢大大小小的樓房，12000公頃的土地和森林。其中，最值錢的布拉格堡，這是布拉格最美的古建築之一，被公認可以和巴黎羅浮宮媲美，這個建築群的局部現在正分別被用作國家博物館及現任總統哈韋爾的官邸。

　　法庭雖接受肯斯基的控告，公開審理此案，但結果卻難以預料。無疑，這是令捷克政府不勝負荷的訴訟，也將是一場曠日持久的官司。

04 德川幕府的寶藏

在日本，赤城山不以高大雄偉出名，而是以傳說中天文數字般的藏金量出名。據說，赤城山埋藏著40萬兩的黃金，相當於現在的100兆日元。

日本人為什麼要把這麼多的黃金埋藏在赤城山下呢？

德川幕府統治末期，世界的金銀兌換率為1：15，而日本僅1：3，日本國內存在黃金大量外流的現象，為了阻止這種消極現象，也為了貯備財產以利於軍備，「大老」（幕府最高執政官）井伊直弼便以貯存軍費為名，極其祕密的制定了埋藏黃金計劃。

赤城山成為井伊直弼埋藏黃金的首選之地。

原因有四個：第一，赤誠山是德川幕府為數不多的

直轄領地之一；第二，它是德川家族世代聚居地，易於保守機密；第三，赤城山地處利根川和片品川兩河之間，有連綿起伏的高山作屏障，是易守難攻的軍事安全地帶；第四，它是德川幕府不得已全線潰退後的最後防禦之地。

井伊計劃祕密藏金期間，他被倒幕派武士刺死在江戶的櫻田門外。他的屬下林大學頭和小栗上野介繼續執行埋金計劃。此後不久，德川幕府終於被倒幕派推翻，新政府改江戶為東京，明治政府上台，赤城山藏金也就成了一個世紀之謎。

這批作為軍費而埋藏的黃金總數到底有多少？據記載，當時從江戶運出了360萬兩黃金。小栗上野介的僕人中島藏人在遺言中說：當時從甲府的御金藏中又運出24萬兩黃金，加上其他金製品，估計埋藏黃金總數達400萬兩。

一個多世紀以來，想一夜之間成為富翁的人紛紛來到赤城山尋寶。

1905年，島追老夫婦曾在赤城山找到幾個裝有黃金的木樽；1926年，在修赤城山上的公路時，發現日本古時純金薄片橢圓形的金幣57枚。這些證實了赤城山確實

藏有黃金。

水野一家祖宗三代對發掘赤城山藏金最熱衷。第一代水野智義是中島藏人的義子，中島藏人臨終前曾告訴他，赤城山有德川幕府的黃金，藏寶點與古水井有關。於是水野智義便萌發了尋找赤城山黃金的信念，變賣大部分的不動產，籌款16萬日元作為尋找黃金的費用。

他首先開始調查與幕府藏金相關的線索，最後得知：1866年1月14日，有30個武士，70～80個工人，還有許多幕府的死刑囚犯，突然出現在津久田原，他們搬運著沉重的木樽22個，重物30捆，在此地停留一年。完工後，害怕洩漏祕密，便將所有人處以極刑。

水野智義相信這就是當初埋藏400萬兩黃金的過程。他開始動手發掘，1890年5月，從一口水井北面30公尺的地下，挖出了德川家族的純金像，推測金像是作為400萬兩黃金的守護神下葬的。

不久，又在一座寺廟地基下挖出3枚銅板。水野智義認為這3枚銅板就是指向埋寶地的路標，但是這三枚銅板寓意是什麼卻無人能讀懂。

幾年之後，又在距離金佛像發掘地600公尺處，發現一隻巨大的人造龜。這就是第一代水野奮鬥一生的尋

寶收穫。

　　第二代水野愛三郎子繼父業，繼續發掘，在人造龜下面發現一個空洞，洞內有五色岩層，不知是自然形成還是人為造成的。

　　第三代水野進一智子進一步在全國瞭解有關赤城山黃金的傳說，他與人合作，利用所謂特異功能來尋寶，但收穫甚微。水野家三代在赤城山的挖掘坑道總計長22公里，卻仍沒有找到藏金地點。

　　有人用最新的金屬探測器在水野家挖的坑道內發現有金屬反應，經分析此處地層內，存在天然金屬的可能性極小。即使有可能是德川的藏金地點，但這裡地質鬆軟，沒有強大的支撐物也不能挖掘。

　　這筆數目驚人的黃金埋在哪裡了呢？無數懷揣黃金夢的尋寶人還在赤城山上尋找答案。

05 法國王冠上的鑽石

法國爆發資產階級革命以後，路易十六和王室成員逃到法奧邊境瓦倫，兩天後被群眾押回巴黎，歷時1500多年的法國封建王朝從此崩潰。

幾天之後，法國制憲議會一位議員向公眾提出了警告：國內外的敵人都試圖奪取王冠上的鑽石。

法國王冠上有世界上最美麗的鑽石和珠寶。法國歷代國王都為在王冠添上新的珠寶感到榮幸，這些稀世珍寶，歷來都是保存在珍寶貯藏室裡。自從路易十六執政以來，這些珍寶就交給忠誠可靠的克雷西看管。

在議員的警告下，制憲議會組成了專門委員會，負責清點保存法國王室的稀世珍寶。經過三個月的緊張工

作，共清點出鑽石9547顆，總值達3000多萬法郎。此後，每星期的星期一人們都可以參觀這些珍寶，負責看管珍寶的克雷西對此十分擔心，他怕不法之徒乘機偷走珍寶。可是不知為什麼，忠實的克雷西卻突然被撤職了，由雷斯圖接替了克雷西的職務，他卻是吉倫特派領袖羅蘭的心腹。

1792年9月，路易十六因陰謀復辟而被廢黜。此時，法國處在危機之中，外部面臨歐洲聯盟的入侵；國內山嶽派與吉倫派爭鬥激烈，到處是失業與饑荒、恐怖與暗殺。此時，珍寶貯藏室貼上了封條，但令人驚奇的是，在如此動亂不安的時期，卻沒有人看守這些奇珍異寶。

9月17日，內務大臣羅蘭在國民議會突然宣佈：「珍寶貯藏室門被撬開，鑽石全部不見了！」

據稱，自9月11日深夜至14日深夜，劫匪三次光顧珍寶貯藏室，無人覺察。第一次行竊時，劫匪30多人打扮成國民自衛軍，全副武裝，氣焰十分囂張。15日早晨，巴黎街頭出現了低價的鑽石，才引起人們注意。警察分局局長塞爾讓只大略的到現場看了一下，並未作任何調查。16日，當盜匪第四次「光臨」時，被國民自衛軍巡邏隊抓獲。

至此，羅蘭才於17日宣佈珍寶被盜。

這起駭人聽聞的盜竊案，確實令人匪夷所思，並引起人們一系列的疑問：為什麼議會事先提出珍寶被盜的警告？為什麼忠實可靠的克雷西被撤職？為什麼不派人看守珍寶貯藏室？為什麼警察局局長對此案十分冷淡？為什麼會連續發生四次盜竊案？誰是幕後策劃者？

盜竊案發生後，內務大臣羅蘭和國防大臣丹東卻互相指控是對方的責任。

幾天之後，刑事法庭判處兩名盜賊死刑，次日執行。但在囚車上，囚犯向庭長供出了藏在他家廁所的一袋鑽石，共有一百多顆。不久，珍寶貯藏室守衛長、警察分局局長的塞爾讓收到了一封匿名信，指出在弗夫大街的陰溝裡有一大堆珍寶。塞爾讓前去取寶，並明目張膽的將一件美麗的瑪瑙工藝品據為己有。

不久，警察逮住了一名叫勒圖的罪犯，他供出了一個17歲的盜賊。警察前去逮捕這個年輕人時，他的父親大發雷霆，聲稱要揭發一樁聳人聽聞的大案。十分奇怪的是，第二天早上，父親被人毒死，兒子也死在監獄。這一連串的事情，使人感到莫名其妙。

珍寶被盜的時候，法國正處於內憂外患、形勢危難

的時候。人們只知道拿破崙指揮瓦爾密戰役的勝利，拯救了巴黎和法蘭西民族，然而，瓦爾密戰役勝利的奧祕，過去、現在以至將來也永遠不會被揭開。

歷史學家和軍事指揮家都做過分析：當時敵人只遭到了輕微的損失，就立即撤退了，這是毫無道理的。從戰略上講，敵方指揮官布倫斯維克也不應發佈撤退命令，拿破崙當時也讓人無法理解。這使人懷疑在戰線後方是不是進行了某種交易。

事實上，當雙方軍隊打仗時，舉行了一次祕密會議，法國給敵軍一大筆錢，讓敵軍撤退。8月11日，法國特使答應付給從杜伊勒利宮掠奪來的3000萬法郎。貪得無厭的敵人卻嫌這些錢太少了，法國議員帕尼斯知道這筆交易後，就建議再從珍寶貯藏室裡拿出一部分珍寶，他的建議被採納了。

事後，一位男爵在回憶錄中披露了此事：「還需要搜集相當一筆錢來賄賂普魯士大臣。珍寶貯藏室的鑽石正好可以提供這筆錢！」

9月17日，羅蘭宣佈珍寶貯藏室失盜。一週之後，普魯士和法國舉行了瓦爾密會議，於是出現了瓦爾密戰役神祕的勝利。有人認為，國防大臣丹東祕密策劃了9

月11日夜間的入室盜竊，然後讓普通的盜賊進行後幾次偷盜，以便把事情攪亂。

那麼，丹東後面是否還有更強有力的對手？

1805年，一夥製造假鈔票的罪犯被判處死刑，其中有一個名叫巴巴的罪犯公開說道：「如果我被判死刑，我將請拿破崙皇帝寬恕。沒有我就沒有拿破崙的皇位！」

法官和觀眾都嚇得呆若木雞，為巴巴的欺君之罪捏了一把冷汗。但他還繼續說：「我是珍寶貯藏室的劫匪之一，我幫助同夥把雷讓鑽石和我熟悉的其他珍寶，埋藏在弗夫大街，這些珍寶的所有權已被出賣。根據給我特赦的諾言，我提供了埋藏珍寶的地點。雷讓鑽石已從那裡取出。法國6月政變之後，當時拿破崙為了得到急需的資金，就把這顆漂亮的鑽石，典押給荷蘭政府了。」

最後，巴巴沒被處死，而是關在比塞特爾，受到了良好的待遇。那麼，他的這番意味深長的話是真是假？這又是一個難解之謎。

06 無地王約翰的寶藏

「無地王」約翰為英王亨利二世最小的兒子，長兄和三兄早亡。父親把在法國的領地全部授予了幾位兄長，由於已經沒有領地可以封約翰，就給他起了個綽號叫「沒有領地的王子」，即無地王。

雖然「無地王」沒有領地，但是他擁有全世界最珍貴的寶物，即使在征戰過程中，他的行李隊伍也隨著他轉戰南北。

他的皇家宮廷軍隊由一支騎兵及一支馱載牲畜、小推車和車輛的隊伍組成。他們帶著國王的床單和羽絨被、臥室中華麗的壁毯、旅行便壺以及浴缸等日用物品。這時無地王的哥哥獅心王理查已經逝世，約翰繼承

了王位。雖然他擁有整個國家，但似乎仍有無處為家的感覺。他有二十多處官邸，絕大多數時候都他將自己的財物隨身攜帶。

在這支龐大的行李隊伍中，特別重要的是那些結實的厚重木箱，裡面裝著約翰的個人貴重物品、現金、文件以及價值連城的珠寶，因為無地王約翰是眾所周知的珠寶鑑賞家，他的收藏在當時的歐洲可謂首屈一指。其中，有他的祖母、德國皇帝海因里希五世的遺孀瑪蒂爾德加冕時，皇權的象徵物，包括：一頂的大皇冠，一條鑲嵌著寶石的腰帶，一塊海因里希五世加冕時披戴的真絲帷幔，一塊巨大的藍寶石，一把帶有金色鴿子的金節杖，兩柄寶劍，一只金盃，一個金十字架，等等。

可是，現在無地王是帶兵軍打仗，攜帶著這些鉅額財寶非常不便。

1216年9月，無地王約翰轉入了反攻。10月，他來到施河南部，即今天的金斯・雷恩。他將龐大而疲憊不堪的隊伍留在那裡，自己先行前往維斯拜赫方向。隨後，隊伍接到命令，通過維爾斯特雷姆河口前往斯維納海得與國王會合。

維爾斯特雷姆河是沃施河的一條支流，兩水匯合處

有一片寬闊的河口，連接大海，平日裡有一條淺灘可以通過，漲潮時卻水勢浩大。淺灘上佈滿流沙，到處都是陷阱。因此，約翰國王讓他的輜重從那裡通過顯然並非明智之舉。

然而，歷史不可假設亦不能重來，在1216年10月的某一個清晨，濃霧遮天，忠實於國王的隨從們，還是義無反顧的走向河口。海水似乎還在很遠的地方，無論如何，只要抓緊時間，通過這段危險地帶是不成問題的。可是，出乎意料的事情發生了，先頭部隊在濃霧之中偏離了堅硬的小路，陷入淤泥之中，本不該在這時候出現的潮水也突然的洶湧而至，一切都不可逆轉。眨眼之間，車輛、馬匹、行人以及無地王約翰昂貴的金銀餐具、華麗的壁毯，他常常把玩的愛不釋手的珠寶等，都被水流沖走，消失在漩渦中。這是一個令約翰無比痛心的損失，一生的收藏就此毀於一旦。據估計，這些財寶在今天大約值200萬英鎊。

遭受如此劇烈的打擊，加上局勢的嚴峻，內外交困之下，國王重病身亡。克羅克斯頓修道院院長聽取了國王的臨終懺悔，並為他舉行最後的葬禮。然後，無地王約翰被安葬在沃爾柴郡大教堂。

　　史料顯示，無地王是個陰險多疑、反覆無常之人，追求享樂且生性殘暴，他繼位以後，英格蘭陷入各種爭端之中。1214年，英德聯軍在法國北部戰敗，與法國的領地之爭以失敗而告終。

　　接著，約翰又與教皇英諾森三世為了坎特伯雷大主教的任命問題發生爭吵。同時，他肆意侵佔附庸國土地、干預領主法庭、濫征苛捐雜稅，致使英格蘭國內怨聲載道，內戰於翌年爆發。貴族們組織了一支軍隊，得到市民的支持，約翰已經眾叛親離，他不得不同意簽署由領主、教士、騎士以及城市市民聯合起草的《大憲章》。

　　以無地王的性格，他不會就這麼容易認輸，儘管他表面上發誓要忠誠履行他的誓言，但實際上他想的只是如何為這次恥辱報仇雪恨。1216年，他與教皇重新和解，在教皇的支持下，開始了他復仇的行動。

　　他率領一支僱傭軍由南向北挺進，所到之處，洗劫一空。堅固的城堡大門在他的野蠻攻擊下一個個被打開，貴族們不是帶著恐懼祈求他的寬恕，就是乾脆逃之夭夭。

　　為了對抗凶狠殘暴的國王，英國人決定向法國求

助，他們以願意法國王儲路易斯登上英國王位為條件，請求法國出兵。1216年5月，法國軍隊橫渡英吉利海峽，從英國的多佛登陸。

就在無地王對法國開始反攻的階段，不幸被海水沖走了價值連城的寶藏隊伍，也因此而病重喪命。

無地王價值連城的寶藏在沼澤中安睡了七百多年，直到1906年2月，倫敦著名考古學家約翰‧豪普發表了一篇引人注目的報告：《國王約翰消失的行李隊》。此報告一登出立刻產生熱烈反響，它使人們重新將焦點轉到七百多年前，湮沒在沃施河沼澤地帶的王室財寶，那是歷史上備受爭議的國王「無地王」約翰終其一生的收藏。

約翰‧豪普的報告，重新燃起人們對失蹤的王室財寶的興趣。雖然不斷的有人開始在沃施河口沼澤地帶探尋，但都一無所獲。

英國政府先後頒布兩個尋寶許可證，明文規定寶藏的淨利潤可由尋寶者與王室平分，再次激起尋寶者的極大熱情。其中，最著名的是一個美國人約翰‧赫博特‧博納，他投資2萬英鎊，用了幾年的時間打撈這筆寶藏，但是最

終的收穫是1933年發表的一個報告，指出「在薩頓橋邊一個長8公尺、寬1公尺的地方，在距離下的河床50碼的地方，至少有20輛裝有銀子和其他貨物的車，2匹馱著金袋子的馬以及組成後衛的士兵們陷進沼澤之中，人數應在800～3000人之間。」

　　1950年，「沃施河研究委員會」成立，其目標指向仍是無地王約翰的財寶。可是自中世紀以來，這片土的外貌已經發生了很大的變化。維爾斯特雷河寬闊的河口已經變成了乾涸的土地，河已經消失了，關於埋藏的財寶的沼澤究竟在什麼位置也很難精確定位。也許某一天，人們將在一片淤泥之下發現靈光一閃；也許，那些靈光永遠沒有重現天日的一天，永遠深埋在地下緬懷昔日的榮光。

07 伊凡雷帝的寶藏

19世紀，有一個德國人神祕的來到莫斯科。他仔細地查閱了莫斯科圖書館古籍書庫中的每一本書，但是沒有找到他想要的東西。他又來到了克里姆林宮附近，對克里姆林宮的地形進行一番調查研究。他在找什麼？為什麼只對莫斯科圖書館的古籍書庫和克里姆林宮感興趣呢？他是來尋找「雷帝書庫」的。

俄羅斯歷史上赫赫有名的伊凡雷帝，在克里姆林宮的地下室藏有大量珍貴的書籍和重要的文件，這一說法既流傳於民間，也記載在書本上。但遺憾的是，親眼見過的人卻很少。雖然從16世紀起就開始有人進行探索，可是直到今天，所謂的「雷帝書庫」，仍然是一個未解

的謎。

伊凡雷帝3歲即位，16歲加冕為俄國第一個沙皇。

伊凡雷帝加冕的第三年，頒布新法，改革地方行政制度和軍事機構。為了鞏固具有專制政權的中央集權國家，他對以前的封邑公爵、世爵封建主、大貴族曾進行鎮壓，由此得來「雷帝」的稱號。

伊凡雷帝不僅是俄國歷史上一個很有作為的統治者，還是一位有名的書籍收藏家。他的書籍是從祖父莫斯科大公伊凡三世和祖母索菲婭‧帕妮奧洛克絲那裡繼承來的。索菲婭是東羅馬帝國的末代皇帝康士坦丁魯斯十一世的侄女，她來到莫斯科時，曾從帝國的皇家圖書館裡，帶走很多極為珍貴的古代抄本，這些都是稀世的珍本。

據說，伊凡雷帝擁有一大批非常寶貴的古代抄本，其數量之多，足以抵得上一個圖書館。伊凡三世想把所藏的書籍編個目錄，讓資深的學者馬克西姆‧克里柯來完成這項工作。馬克西姆‧克里柯利用這個機會，把本國使用的斯拉夫教會的翻譯本和希臘的原著進行了對照，對錯誤的語法，逐篇的加以訂正。

克里柯的這種做法使莫斯科的大主教約瑟夫非常不

滿，認為有損教會的尊嚴。不久，他就離開了皇宮，後
又被教團開除，還受到各種迫害。

　　這就是有關修道士馬克西姆‧克里柯和伊凡雷帝書
庫的傳說。從這些傳說中，對圖書的編目工作是否完成
了，大量書籍藏在克里姆林宮的什麼地方，則無從知曉。

　　16世紀編輯的《里波利亞年代記》中，對此事有如
下記載：「德國神父魏特邁曾見過伊凡雷帝的藏書。它
佔據了克里姆林宮地下室的兩個房間……」

　　使人感到不解的是，在同時代的其他文獻或記錄
中，都沒有提起伊凡雷帝「書庫」之事。這是什麼原
因？是藏書已散失了，還是本來就不存在呢？

　　19世紀，有一個德國人為了「雷帝書庫」特地來到
莫斯科，經過一番考察研究之後，得出這樣的結論：伊
凡雷帝的書庫還沉睡在一個不為人所知的地方。解開這
個謎，對世界的文化來說可能聯繫著非常重要的發現。

　　19世紀末，克里姆林宮歷史學院的扎貝林教授曾經
聽一位官員說過，他在造幣廠的文書保管所裡，看到一
本很奇怪的書，裡面記載的都是從前的事。其中有這樣
一件事：在1724年，彼德大帝決定遷都彼得堡，把莫斯
科作為陪都。同年12月，一個在教會工作的名叫奧希波

夫的人，來到彼得堡，向財務管理部門提出一份報告，談到莫斯科的克里姆林宮的地下有兩個祕密的房間，房間的鐵門上貼了封條，還加了大鎖，裡面好像是放著許多大箱子。

經過一番研究，有關方面立即著手對克里姆林宮地下的調查。但不久，從彼得堡傳來指示，命令停止調查。

九年之後，這個奧希波夫再次提出要求，希望能對克里姆林宮地下進行發掘。結果在公文保管處所保存下來的報告中曾這樣寫道：「儘管全力以赴，但沒有發現祕密場所。」蘇聯科學家的索伯列夫斯基院士認為，雖說奧希波夫失敗了，但不能斷言伊凡雷帝書庫就不存在。

「雷帝書庫」是否真的存在？專家們的意見也不一致。一部分專家認為，克里姆林宮發生火災的時候，這批藏書可能被燒燬了；另一部分專家認為，這些書全移放到莫斯科大主教的圖書館，後來好像都散失了；還有一部分專家認為，伊凡雷帝的藏書確實存在，有必要對克里姆林宮做進一步進行探索。

08 路易十六的寶藏

1774年路易十六登上法國國王寶座時，法國封建制度已危機四伏，新興資產階級對專制制度日益不滿，國內政治動盪，社會極為不穩定。但就是在這種情況下，路易十六仍然四處搜刮金銀財寶，過著十分豪華的生活。1789年路易十六召開等級議會，要增加資產階級和平民的賦稅，從而引發了資產階級革命。迫於無奈，路易十六表面上接受立憲政體，實際上卻絞殺革命者。1791年6月他逃亡到法國瓦倫，被群眾押回巴黎。9月被迫簽署憲法，但仍計謀復辟。1792年9月路易十六被正式廢黜，次年1月被處死在巴黎革命廣場。

路易十六雖然死了，可是他的寶藏卻仍然活在人們

的心中，成為尋寶史上最著名的寶藏之一。

關於他的財寶，眾說紛紜，莫衷一是。藏寶地點，至少有幾個地方，有的甚至不在法國，而在西班牙。據說，他的行宮羅浮宮曾埋藏著一筆價值超過20億法郎的財寶，包括金幣、銀幣和一些價值連城的文物。不過，流傳最廣的還是路易十六隱藏在「泰萊馬號」船上的財寶。「泰萊馬克」號是一艘噸位達130噸，長26公尺的雙桅帆船。這艘船偽裝成商用船，由阿德里安‧凱曼船長駕駛。1790年1月3日，滿載財寶的「泰萊馬克」號，在經塞納河從法國里昂去英國倫敦途中，在法國瓦爾市的基爾伯夫河下游被潮水沖斷纜繩出事沉沒。

「泰萊馬克」號由一艘雙桅縱帆船護航，在港口受到革命者檢查時，曾交出一套皇家銀器。船上隱藏著路易十六的一批財寶和瑪麗‧安托瓦內特王后的鑽石項鍊。

據推斷，這艘船上的財寶包括以下物品。國王路易十六的100萬公斤的黃金；王后瑪麗的一副鑽石項鍊，價值為60萬公斤的黃金；金銀製品有銀器以及朱米埃熱修道院和聖馬丁‧德‧博斯維爾修道院的祭典聖器；50萬金路易法郎；五名修道院院長和流亡大貴族的私人珍寶。

　　這些財寶的確存在，毫不誇張，這已經得到路易十六的心腹和朱米埃熱修道院一名修道士的證實。

　　一些歷史文獻和路易十六家僕的一位後裔也認為，路易十六當年確把這筆財寶藏在船上企圖轉移出國。據說，「泰萊馬克」號沉沒在基爾伯夫河下游，瓦爾市燈塔前幾公尺深的河底淤泥裡。

　　1830年和1850年，人們都爭先恐後的企圖打撈這艘沉船。但是，在打撈作業中，纜繩都斷了，結果沉船重新沉沒到水底。

　　1939年，一些尋寶者聲稱他們已經找到了「泰萊馬克」號沉船的殘骸，但沒有確切證據顯示，他們找到的就是「泰萊馬克」號，要找到路易十六的寶藏絕不是一件輕而易舉的事。

09 不祥的藍寶石

　　「希望」藍鑽石是世界上屈指可數的鑽石王之一。1947年，「希望」藍鑽石的標價為1500萬美元，這是它的最後一次標價。自從1947年後，「希望」藍鑽石再也沒有被拍賣過。1958年，「希望」藍鑽石的主人，美國珠寶商海里‧溫斯頓把它捐贈給了華盛頓史密斯研究院。在該院的珠寶大廳裡，「希望」藍鑽石陳列在一個防彈玻璃櫃裡，它散發出的幽幽藍光，彷彿在向來自世界各地的遊客訴說著它那神祕曲折的經歷。

　　「希望」藍鑽石出土已經500年了。一天，一位老人從基伯那河畔的一座廢棄的礦井旁路過，偶然向礦井裡看了一眼，發現一塊閃光的石頭。他拿到工匠那裡經

過一番仔細辨別，原來這塊石頭是一枚藍鑽石。老人讓工匠將鑽石進行粗加工，加工後的藍鑽石重達112.5克拉。

老人去世後，他的三個兒子為這枚鑽石大打出手，結果鑽石被族長充公，下令鑲嵌在神像的前額上。一天深夜，有個年輕人偷走了鑽石，幾個小時之後，他就被守護神像的婆羅門抓獲，活活被打死，他成為藍鑽石的第一個犧牲者。藍鑽石重新被鑲嵌在神像的前額上。

17世紀初，一個法國傳教士用斧頭劈死了兩個婆羅門，用沾滿鮮血的手從神像的前額上摳下藍鑽石。傳教士將藍鑽石帶回了家鄉，不久之後，在一個雷雨交加的晚上，他被割斷了喉嚨，藍鑽石也不知去向。

四十年後，藍鑽石落入巴黎珠寶商瓊‧泰弗尼爾手中，他將鑽石賣給了法國國王路易十四。幾年後，瓊‧泰弗尼爾到俄國做生意，被一條野狗活活咬死。

路易十四對這枚藍鑽石愛不釋手，經過琢磨，把藍鑽石鑲嵌在象徵王權的王杖上，取名為「法國藍寶」。可是沒過多久，他最寵愛的孫子神祕的死去。路易十四承受不住打擊，很快也撒手歸天。

路易十四死後，「法國藍寶」落入蓓麗公主的手中。她將鑽石從王杖上取出，作為裝飾品掛在她的項鍊

上。1792年9月3日，在一次突發事件中，蓓麗公主被一群平民百姓毆打致死。

隨後「法國藍寶」由蓓麗公主的飾品，變成路易十六的寶物。法國大革命風暴把國王路易十六和王后瑪麗·安東尼送上了斷頭台。「法國藍寶」也在這場大革命中被皇家侍衛雅各斯·凱洛蒂乘亂竊取。

法國臨時政府在清點國庫時，發現「法國藍寶」失蹤，於是貼出告示：凡私藏皇家珍寶者處以死刑。侍衛雅各斯·凱洛蒂聞訊後寢食不安，後來精神錯亂，自殺身亡。

四十年後，「法國藍寶」落入俄國太子伊凡手中。一次，伊凡為了贏得一個妓女的歡心，把「法國藍寶」送給了她。一年後，伊凡另覓新歡，很後悔當初把「法國藍寶」送給了妓女，他決定把藍鑽石要回來。可是，妓女死也不給，伊凡很生氣，拔劍刺死妓女，搶回藍鑽石。不久以後，伊凡皇太子也在宮中死於非命。

神祕的「法國藍寶」給佔有它的主人帶來的厄運比巫師的詛咒還要靈驗，人們視它為「不祥之物」。儘管如此，還是有很多貪婪的人想要擁有它。

「法國藍寶」從伊凡皇太子手裡轉移到女皇加德琳

一世手裡。

女皇想把藍鑽石鑲在皇冠上，於是命人將「法國藍寶」送往荷蘭，交給世界一流手藝鑽石工匠威爾赫姆·佛爾斯進行精心加工。經過威爾赫姆·佛爾斯的精心雕琢，「法國藍寶」加工後重44.4克拉。經過匠人的精心加工，「法國藍寶」更加光芒四射，它的每個面都閃爍著誘人的藍光。鑽石加工好以後，鑽石匠的兒子帶著「法國藍寶」不辭而別，去了英國倫敦。無法交差的鑽石匠服毒自殺，後來他的兒子在英國也自殺身亡。

英國珠寶收藏家亨利·菲利浦花了6萬美元，從一個神祕人手中買下了「法國藍寶」，重新命名為「希望」。1839年，亨利·菲利浦暴斃，他的侄子成為「希望」藍鑽石的主人，將鑽石放進展覽館，後來據說他壽終正寢。

20世紀初，一個叫傑奎斯·賽羅的商人買下「希望」鑽石，但不久後就莫名其妙的自殺了。

鑽石又落入俄國人康尼托夫斯基手中，沒過多久，此人遇刺身亡。哈比布·貝買下了「希望」鑽石，接著轉賣給西蒙。傳來消息說，哈比布·貝及其家人在直布羅陀附近的海中不幸淹死，西蒙在一次車禍中全家喪生。

　　鑽石輾轉到了土耳其蘇丹阿卡杜拉‧哈密特二世手中，一個王妃為此喪生，蘇丹本人在1909年被土耳其青年黨人殺害。

　　「希望」藍鑽石的下一個主人是華盛頓的百萬富翁沃爾斯‧麥克林夫婦。自從擁有這顆鑽石以後，災難就像影子一樣追隨著他們，他們的兒子和女兒先後遭遇了不幸。

　　1947年，海里‧溫斯頓以1500萬美元買下「希望」藍鑽石，成為鑽石最後的主人。

　　「希望」藍鑽石自問世以來，歷經滄桑，周遊列國，其間更易的主人有幾十人。可是「希望」藍鑽石並沒有給佔有它的主人帶來希望，相反，除少數幾個人倖免於難外，其餘的主人都遭到厄運，甚至命喪黃泉。

　　這是為什麼呢？是巧合還是冥冥之中，存在著一種人們還不知道的神奇力量呢？也許有一天，「希望」藍鑽石能帶給人們揭示這個祕密的希望。

10 卡利南鑽石

提到黃金和鑽石我們就會聯想到南非。因為南非不僅是世界最大的黃金生產國和出口國，而且還是世界主要鑽石生產國。世界上最著名的「南非之星」和卡利南兩顆大鑽石都是在這裡發現的。

1867年，有個小男孩在奧蘭治河河畔發現了一顆閃閃發光的「石頭」，就把它撿了起來。後來經鑑定，這是一顆重24克拉的鑽石。兩年後，兩個牧童又在同一地區撿到一顆更為精美的鑽石。這顆鑽重達83克拉，價值在當時大約62.5萬法郎，它就是後來著名的「南非之星」。

提起南非的鑽石，就不能不提到曾轟動世界的卡利

南鑽石。

1905年1月25日，南非鑽石礦的一個總監弗雷德里克·韋爾斯，無意中在礦裡看見一個半露出井壁閃閃發亮的東西，便用小刀挖了出來，它的大小和成人的拳頭一樣，重如籃球。後來經鑑定，這是一顆世界上最大的鑽石，重達3006克拉。很快，這顆鑽石像長了翅膀一樣成了世界第一寶物。礦主高興得不亦樂乎，他給鑽石的發現者弗雷德里克·韋爾斯21萬美元的酬金，並以公司總裁托馬斯·M·卡利男爵的名字為鑽石命名。隨後，南非德蘭士瓦省政府花了相當於今天900萬美元的巨資買下那顆鑽石，又用十倍的金額為那顆鑽石買了保險。

後來卡利南鑽石的命運又如何呢？

布爾戰爭慘敗的南非政府，想把卡利南鑽石獻給英王愛德華七世以表示友好。但是那顆鑽石的名氣太大了，幾乎迷住了全世界的珠寶愛好者們，英國國王愛德華儘管心裡十分喜歡，但表面上卻表現得不置可否。最後在政府殖民地次官溫斯頓·丘吉爾的「極力敦促和一再堅持下」，英王愛德華七世才接受了這顆鑽石。為防止意外，南非政府聲東擊西，把鑽石的贗品在大庭廣眾之下，大搖大擺的送到開往英國的輪船上，而真正的鑽

石則被極其祕密的裝在包裹裡郵寄到英國。在愛德華國王66歲生日時，給他獻上了一份厚禮。

英王愛德華七世剛開始拿到鑽石愛不釋手，但很快就煩惱了，因為這6斤多重的鑽石的確太大了，平時抱它一會兒就把這位英王累得氣喘吁吁，更談不上戴上它了。於是，英王下令鑽石必須切割，他選定荷蘭著名寶石切削工匠約瑟夫阿謝爾完成這一任務。

接到任務後，阿謝爾既激動又緊張，但就是不敢下手。後來，他花了整整三個月的時間，在玻璃和蠟模型上進行了反覆練習，當他確信萬無一失時，才動手操作。

他先把鑽石緊緊鉗在工作台特製的鉗子上，然後把鋼製劈刀放在設計好的槽溝上猛擊，錘落刀斷，鑽石紋絲未動。阿謝爾害怕了，他臉上流著冷汗，又換了第二把劈刀，這次鑽石總算按預定位置裂為兩半，而可憐的珠寶匠阿謝爾卻因為緊張過度倒在地上昏了過去。

這塊鑽石最後被切割成9塊大鑽石，其中卡利南第一和第二是世界上最大的切割鑽石，重量分別為530.2克拉和317.4克拉，鑲嵌在英國君王權杖和王冠上面。零碎的共96塊也做成了飾物，收藏於英國皇家。

英國皇家當時給阿謝爾的酬勞是：可擁有除兩顆最大鑽石以外的剩餘鑽石。阿謝爾信以為真，高興得手舞足蹈。但他沒想到，國王有的是錢，隨後，愛德華國王就從阿謝爾手裡又買了回去贈給夫人亞歷山德拉王后。

1910年，南非政府買下剩餘的所有鑽石贈與瑪麗王后。她把鑽石鑲成各式各樣名貴的首飾。自維多利亞女王以後，英國的王位繼承者們不但繼承了王位和王冠，同時也繼承了鑽石珠寶。現在這些價值連城的卡利南鑽石首飾又成了英國伊麗莎白女王飾物中的最愛。

11 「科希諾爾」鑽石

1526年，印度大莫臥兒王朝的奠基人帖木兒大帝的曾孫巴卑爾，成為印度半島的統治者。他在《巴卑爾回憶錄》中寫道：在給我的兒子王儲胡馬雍進貢的寶物中，有一顆巨大的鑽石，這顆鑽石從那時起在大莫臥兒王朝中世世代代相傳。根據古老的傳說，皇族所有成員都曾和這塊寶石一起蒙受家庭悲劇、監禁直至殺頭之災。

後來由於阿拉－烏德－丁‧喀爾吉征服了馬爾瓦公國，這顆鑽石成了德里王國的珍寶，而在此之前它顯然是馬爾瓦公國皇室的傳家寶。當時這顆鑽石重672克拉，後來經過加工，重量減少了290克拉。

　　但是，根據印度傳說，早在巴卑爾之前，在公元前數千年之前，就有人提到過這顆著名的鑽石。根據古印度神話，太陽神之子卡爾納曾經佩戴過這顆鑽石。當波斯君主納迪爾－沙赫的大軍侵略德里王國時，該地的財富令他們驚愕，展現在士卒們眼前的是金碧輝煌的神廟、宮殿、清真寺。這些建築物的牆上鑲嵌著成千上萬顆閃亮的寶石——紅寶石、藍寶石、鑽石，它們在熱帶陽光照耀下熠熠生輝，斑斕多姿，無與倫比。

　　生活在豪華宮廷裡的納迪爾－沙赫，都被這些五光十色的寶石吸引住了。鑽石是王者之「石」，誰佔有它，誰就可以稱雄於印度。納迪爾－沙赫費盡精力，也沒有找到這顆著名的、充滿神話色彩的鑽石。

　　這顆鑽石並不是納迪爾－沙赫急欲佔有的唯一珍寶。每位波斯君主佔領了德里之後的第一件事，就是去觀看「孔雀寶座」。

　　「孔雀寶座」安放在第一宮的大殿內，形狀和大小都像一張行軍床，它下面有4個巨大的椅腳，高約60公分，底部架在4根長長的橫梁上。這4根橫梁上有12個立柱，從三面支撐著寶座頂上的華蓋。

　　椅腳和橫梁都包著黃金和琺瑯，鑲嵌著無數鑽石、

祖母綠、紅寶石。每個橫梁中間都有一顆沒有光澤的紅寶石，其四周有四塊祖母綠，組成一個有四個「十」的字。祖母綠呈長方形，它們與紅寶石之間的空間則鑲嵌有鑽石，其中最大的每顆重達10~12克拉，個別地方還綴有鑲金框的珍珠。

華蓋的內側全部鑲著鑽石和珍珠，華蓋的邊緣則飾有珍珠穗子。在穹頂下面可以看見一隻開屏的孔雀，孔雀尾巴是藍寶石和別樣色彩的寶石組成的。孔雀的軀體是黃金，上面綴有琺瑯和珍珠。

然而在本該有一顆寶石的孔雀眼睛位置上，納迪爾－沙赫卻發現那裡是空的。他下令把宮殿的每個角落都仔仔細細搜查一遍，但是徒勞無功。

後來他從穆罕默德－沙赫後宮的一個妃子那裡瞭解到，穆罕默德－沙赫經常把這塊鑽石帶在纏頭裡。在告別宴會進入高潮時，納迪爾－沙赫建議穆罕默德－沙赫交換纏頭，以示友誼長存。穆罕默德－沙赫無法拒絕這個根源於古老習俗的提議，他無計可施，只得表示同意。於是納迪爾－沙赫就這樣成了這件朝思暮想的珍寶的主人。當新主人解開纏頭，看見鑽石的璀璨光輝時，不禁驚呼：「科希諾爾」，於是這顆鑽石就有了現在這

個名字。

　　還有另一種說法，穆罕默德－沙赫並沒有用任何手段，他把德里洗劫一空以後，把德里宮殿牆壁上的金、銀、寶石全部敲掉，史書上記載說，只是鑽石、祖母綠、紅藍寶石他們就裝滿了60只大木箱。一位編年史作者寫道：「凡是見到這些珍寶的人，個個都如癡如狂！」用了8匹駱駝才把「孔雀寶座」運走。納迪爾－沙赫還掠走了「科希諾爾」鑽石。

●┄┄┄┄┄┄┄┄┄┄┄┄┄┄┄┄┄┄┄┄┄┄┄┄┄┄┄

　　後來「科希諾爾」鑽石由阿富汗的酋長舒傑繼承，他又傳給錫克族的統治者蘭季特・辛格大君。這顆鑽石被鑲在一支手鐲上，大君常戴著它出席盛大的宴會，並把它和王冠上的珍寶存放在一起。

　　在蘭季特・辛格彌留之際，人們勸告他將鑽石遺贈給賈根納特赫大神。據說大君點頭表示同意這個建議，但是沒有留下書面文字。財政大臣見不到聖旨，不敢貿然做出如此慷慨的饋贈，於是「科希諾爾」就留在拉合爾的寶庫裡。

　　後來鑽石被下一任國王拉甲德里布・辛格繼承。1848

年拉合爾兩個團的士兵發生兵變，王冠上的珠寶，連同「科希諾爾」鑽石都成了英軍的戰利品。戴爾豪斯勳爵派兩名軍官把「科希諾爾」鑽石送回英國。

1850年7月3日，「科希諾爾」鑽石獻給了維多利亞女王。女王覺得這顆鑽石太難看了，就把它交給阿姆斯特丹鑽石打磨工匠沃贊赫爾，請他把鑽石打磨出漂亮的稜角。這位首飾工匠每天工作12個小時，做了一個半月才完工。結果鑽石的重量又減少了80克拉，只剩下106克拉。現在「科希諾爾」鑽存放在倫敦的溫莎城堡。

12 康定安城的廢墟寶藏

　　百多年前，印度城市拉瓦爾品第的古玩市場上，出現了一些不尋常的錢幣，它們是公元前5世紀至公元前3世紀由不同國家鑄造的，根據錢幣上的文字，人們斷定有些錢幣是在希臘和小亞細亞鑄造的，有些是在阿契美尼德王朝的伊朗和塞琉古王朝的國家鑄造的，還有些錢幣上的文字是人類從未見過的。

　　這些古錢幣從哪裡來？據古董商介紹，這些錢幣都是剛剛被發現的，發現地點在北方很遠的一座古城廢墟上，這座古城廢墟已被阿姆河沖刷掉了一部分。在以後的幾十年裡，又從那裡運出數百枚錢幣以及一些金銀製作的藝術品，如人像、手鐲、頸飾等，總共200件左右。

　　根據考古學家澤伊瑪爾說，所有這些被發現的器物統稱「阿姆河寶藏」或「烏滸水珍寶」。後來學者們確定，這筆寶藏很可能是1877年在阿姆河右岸，卡菲爾尼甘河和瓦赫什河兩河的河口之間發現的。但是，「阿姆河寶藏」的全部器物雖都經過了悉心研究，它們的發現地點和發現經過卻還含混不清。在捷詹河河谷值勤的英國邊防軍上尉巴頓，對這些珍寶的來歷做了如下的描寫。

　　根據巴頓的說法，有三個商人——瓦吉·阿德·丁、古良姆·穆罕默德和舒凱·阿里，在由喀布爾至白沙瓦的路上遭到遊牧部落打劫，商人穿著貴重物品的皮囊被強盜搶走了。正當三個商人孤立無助的時候，遇到了英國邊防軍上尉巴頓，當巴頓得知三個商人的遭遇後，決定幫助他們。

　　深夜，上尉帶著兩名勤務兵闖入強盜們藏身的山洞，強盜們正為分贓爭吵不休，上尉順利的拿回商人的財寶回到營房。

　　三名商人早已經在營房裡等候，其中一名商人告訴巴頓，強盜搶走的皮囊裡裝著金銀首飾，幾件金盃盤和金製像，還有一件像手鐲的大首飾，這些財寶大多數是在康定安河中發現的。每年的枯水期，人們在康定安城

的廢墟中常常發現並挖掘出貴重的金製物品。這些金銀珠寶都是從當地人手中買來的，他懷著感激之情懇求巴頓買下他們的金手鐲。

「阿姆河寶藏」總共約有180件，其中大部分是顯赫人物的私人用品：金質刀鞘面飾、盾牌裝飾性的銀質護手、服裝和馬具的金質飾物、金質手鐲和頸飾等。在阿契美尼德王朝統治時期的伊朗，這種手鐲和頸飾是國王、皇家保鏢、朝中高官以及一般顯貴人物盛大著裝的一部分。

所發現的金像、銀像，據學者們推測，可能是供祭祀用的。然而金質獸像或空心人頭像等物品的用途，至今還是一個謎。

在對阿姆河珍寶進行長期研究的過程中，學者們還對另一個問題感興趣：這筆寶藏對於其主人來說意味著什麼呢？除了有銘文的錢幣之外，在所發現的物品中沒有任何文字資料，因此學者們沒有掌握一件確鑿的證據。

究竟誰是阿姆河寶藏的主人？人們對此做出種種猜測。

有人說阿姆河寶藏是隨葬物品。首先，錢幣數量相當大，其次，缺少用非重金屬材料製作的其他隨葬物品。

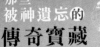
　　駐印度的考古隊領導者坎寧安認為，這些被發現的物品屬於巴克特里亞的名門望族。該家族的一名成員，在安提奧克三世大帝和歐菲德姆一世戰爭的動盪年代，不得不隨身帶著貴重物品逃離家園。危急關頭使他把貴重物品和錢幣藏了起來，事後又沒有機會回來取走這些東西。

　　研究家格里什曼認為，在阿姆河右岸某處曾有一座伊朗女神阿德維蘇拉・阿娜希達的神廟。因此他認為阿姆河珍寶是信徒們，在兩個世紀以至三個世紀期間所獻的祭品。當公元前329年亞歷山大・馬其頓大帝的軍隊向神廟挺進時，這些珍寶被從廟宇中運出並掩埋起來。

　　庫茲明娜推測「阿姆河寶藏」，是巴克特里亞歷代國王的財物。巴克特里亞諸國王除了世俗職責外，還執行著最高祭司的職責。

　　「阿姆河寶藏」的大多數物品都落入英國國家博物館，和這些物品一起進入該館的，還有大約1500枚錢幣。然而有些學者認為，這些錢幣與「阿姆河寶藏」毫不相干。

　　在阿姆河寶藏中有一件銀質的男子立像格外吸引人，這尊銀像是鑄造的，雕刻有花紋，有些地方還鍍了

金。站立著的男子左手握著一束枝條或許是鮮花，右手則順著體側垂下。這尊男子銀像鬍鬚細而長，眉毛濃密，眼睛很大，並且眼瞼鑄造得很精美，只是眼珠沒有表現出來。

男子像的頭上戴著一頂低矮的筒形帽子，帽子上飾有條帶，條帶在腦後打了個結，條帶兩端自由垂落下來，帽頂扁平，鑲著一個鍍金的、刻有鋸齒花紋的帽箍。頭髮綰個髻兒，腦後的頭髮則用一個個中心帶圓點的圓圈加以表現。

「阿姆河寶藏」最早的研究者達爾頓，依據波斯式樣外衣的特點，推斷這尊男子像屬於公元前5世紀初。他的衣服是波斯上層顯赫人物穿著的典型服裝，這一點幫助達爾頓確定了這件器物的年代。帽箍上雕刻的鋸齒花紋，使他確認這尊雕像是阿契美尼德國王。

人們對這筆寶藏的研究工作還在繼續，有可能還會從其他器物上發現更重要的研究線索。

13　帕納久里什特的寶物

保加利亞是出土文物最多的地方，有人說，只要考古學家向地下挖一鍬土，就會有無數件地下文物出土。這種說法雖然有些誇張，但是的確有一定的根據。

1949年12月，小城鎮帕納久里什特就挖出了大量的金質酒杯，轟動了世界。

一天，戴科夫兄弟正在燒磚取土，突然他們的鐵鏟碰到一個堅硬的東西。佩特科・戴科夫鏟掉了一些泥土，發現了一個金屬箍，起初他以為是一個銅箍。佩特科又鏟掉一塊泥土，露出一個黃澄澄的東西。他急忙叫來幾個兄弟，但他們都不認識這是什麼東西，他們在這

個東西附近，又挖出七個相同的東西，還有一個盤子。後來經過鑑定才知道，這是一些做工精美的古代雕花金質酒杯，八只角形大酒杯放在一個淺底盤子裡。

這些酒杯都由純金製成，總重量有6公斤多。在這些沉重的雕花酒杯上雕刻有神話場面、希臘英雄故事的圖解。有一只杯子是鼎鼎大名的赫拉克勒斯大戰扁角鹿的場面。另一個場面是忒修斯勇鬥克里特公牛，這頭公牛令整個馬拉松地區膽戰心驚，因此這個地區的人們向這個嗜血成性的怪物貢獻祭品。兇猛的公牛前腿已經跪在地上，正在把忒修斯壓倒在地上，美狄亞巴望著他在與怪物決鬥中喪生，但她的陰謀並沒有得逞。

在另一件酒器上是智慧女神雅典娜，古代阿提卡及其都城的保護神。女神身著長衫，左手托著頭盔，右手倚在刻有圖案的圓形盾牌上。她的臉部安詳而莊重，雙眼凝眸審視。站在她身旁的是帕里斯，他身穿短衫和長筒襪，左手握著權杖，右手略微抬起。給人的印象是，他彷彿在解釋什麼。

這個場面中還有一個人物——坐在寶座上的女神赫拉。在她不遠處，工匠雕刻了美麗的阿佛洛狄忒——愛神。展現在我們面前的顯然是著名的帕里斯做裁判的情

景。

雙耳角形大酒杯（高29公分，重1700公斤）不僅僅只是一個最大和最重的盛酒器皿，而且也是一個最有意思的器皿。杯口的外翻邊緣，裝飾著珍珠狀的浮雕圖案，酒杯光滑的頸部，有兩條裝飾著雞蛋形狀圖案的條帶，把杯頸與其他部分隔離開來。

角形杯的兩個杯柄下方刻著兩個頭髮捲曲、眼睛突出、鼻子扁平、嘴巴大張的黑人。灌入杯中的水可以從兩張嘴巴裡流出來，所以兩個黑人的嘴巴可供兩人飲酒，而且其中每人都可以握住一個杯柄。杯柄的下部刻有垂直凹槽，上部則是人頭馬的圖形。人頭馬的頭髮和鬍鬚濃密，但並不很長。人頭馬胸部的毛髮以及覆蓋馬身的獸毛，都是由古代工匠刻上去的。人頭馬下肢的頂端是馬蹄，總之從解剖學角度看整個身體都塑造得很準確。

雙耳角形杯的一個杯柄下面刻有古代宮殿的大門，這兩扇宮門把雙耳杯側面的裝飾區分成兩部分。門上釘著釘子，裝飾性釘帽很寬大。雙扇門位於兩根具有伊奧尼亞式柱頂的圓柱之間，每根圓柱的上面都刻有獅子頭。宮門半開著，從兩扇門中間可以看見一個男子的雙

手和一部分禿頭，他的整個姿態表現出強烈的驚恐。引起他恐懼的原因是一群兵士正在破門而入，兵士們的圖形比宮門和那名男子的圖形要大一些。五名兵士赤身露體，只有一名兵士肩上披著斗篷，靠近門前的四名兵士揮舞著刀劍，另一名（手持軍號）在發出攻擊的號令。宮門的另一邊有兩個男子正在安靜地談話，他們手拄著滿是疤節的大木棒——古代傳說中的人物通常使用的武器。兩個男子都披著斗篷，腰帶上掛著戰刀。其中一名男子是個長著大鬍子的赤腳老頭，他披的斗篷從左肩垂下，上面飾有樹葉圖案。另一名男子是一個青年，他的臉頰已經萌發出鬍鬚的絨毛，但頭髮並不長。青年正在看著老頭指給他看的一件物品，他張開右手的食指和拇指，彷彿在試圖表示所需要的尺寸或距離。

帕納久里什特寶藏中的八只角形大杯都放在一個淺底金盤中，金盤上刻著四個同形圓。第一個圓最小，它周圍飾有24枚橡木浮雕圖案。然後是其他三個圓，它們是由面帶快活微笑、眼睛放射著狡黠目光的黑人頭部微型浮雕組成……

無論是就杯子造型的優美、華麗而言，還是就細部製作的精緻而言，所發現的寶藏是罕見的希臘藝術傑作。

這八個金杯是哪個時代的？它的主人又是誰？

在帕納久里什特鎮附近沒有任何有價值的古代村落遺址，這裡也沒有什麼具有紀念意義的廢墟，難道這些酒杯的主人是來自一個遙遠的地方？

人們猜測酒杯的主人是富有的色雷斯人，帕納久里什特寶藏應該屬於：公元前4世紀下半葉或公元前3世紀上半葉。

在這一時期，色雷斯正處於長年征戰的狀態。連年的戰爭，色雷斯人民的暴動，克爾特人的入侵，使巴爾幹半島東部地區居民對生活失去信心，他們經常把財物埋入地下。也許帕納久里什特的金酒杯就是這種地下寶藏之一。

罕見的酒杯在地下躺了2000多年。這些無價之寶的主人很有可能是一位顯貴富有的人，也許此人是皇室成員，或者是一位曾經南征北戰的統帥，在一個緊要關頭，把他的寶貝埋藏在地下。他也許是在逃避追兵，也或者僅僅是在逃難？沒有人能夠知道當時究竟發生了什麼情況。

14 彼得一世的寶藏

1715年烏拉爾的礦主尼基塔·捷米多夫給葉卡捷琳娜一世，寄來10萬金盧布和西伯利亞古墓出土的金器數件，作為禮物贈送給新出生的小皇子。這些金器的發現者是盜墓人，西伯利亞和烏拉爾山前一帶的許多商人，收購用這種方法挖到的珍寶並把他們回爐，靠銷售黃金發財。

彼得一世決心取締這種行徑，頒布詔令，規定一切重要的、不同尋常的出土器物都要上繳當局。不久以後西伯利亞總督加加林公爵就把許多古老的金器運往聖彼得堡，這裡成了西伯利亞出土金器藏品的收藏館，而這批藏品都是世界上純度最高、工藝最精美的寶物。

　　起初這套藏品保存在彼得藝術品陳列館，1859年移交埃爾米塔日博物館。自這一年起，設立了帝國考古委員會，它受命收集古代文物資料，尋訪有關本國歷史以及有關居住在俄羅斯廣大國土上的各民族生活的古物。

　　隨著時間的推移，館藏的精品逐漸增多，遠遠超過西伯利亞一帶的古墓陪葬品。這套藏品就包括舉世聞名的「西徐亞金器」。

　　在多瑙河到葉尼塞河的廣闊草原上，自古以來居住著沒有任何阻隔的同源同種民族。在這裡，統一的文化曾得到繁榮發展，一個個帝國曾經在這裡經歷過盛衰興亡。這裡是毀滅性的掠奪戰爭和民族大遷徙的必經之路。

　　由於氣候變化，草原上的地貌特徵也在發生變化，歐亞大陸上的很多古墓被風沙雪雨埋在地下，有的古墓剛剛露出地面，有的則像一座錐形或半球形的小土丘兀立在那裡。這種小土丘常常高達20～25公尺，方圓達數百公尺。

　　埋葬西徐亞人領袖們的陵墓體積特別大，結構也特別複雜。西徐亞人的墳墓絕大多數已被與墓主同時代的人盜過，但是也有例外。

　　1903年發掘克列爾梅斯古墓的尋寶者，在庫班河沿

岸挖開了四座未被盜過的墳丘，發現了大量貴重的飾物和武器。

雖然克列梅斯古墓已經被盜過，但是後來學者們在這裡還發現了一面很漂亮的銀鏡子，這面銀鏡的背面刻有紋飾，並鑲著壓有精美圖案的金箔。

銀鏡的背面由繩狀的半徑線劃分成八個等份，等分的尖角處飾有兩片花瓣。花瓣在鏡子的中央組成一個大的結，每個等份的其餘部分則畫有動物圖像和神話故事場面，而且這兩種畫面都按著一定的規則交替出現。例如，有一個等份中繪出的是衣服長及腳後跟的賽比利全身像。

賽比利是長有翅膀的東方女神，又是百獸之女王。她抓住怯懦得夾著尾巴的兩頭獅子的前腿。鄰近的等份裡畫的是公牛鬥獅子的場面，這個搏鬥場面下面則是一頭野豬的圖像。

西徐亞藏品中最有意義的展品是1862年至1863年，在切爾托姆雷克古墓發現的，其中有一個金製的弓箭筒。這是一位希臘珠寶工匠製作的，上面的古代童話題材浮雕也是他的作品。弓箭套上大塊的金質貼面，浮雕製作精美，世上獨一無二。

在西徐亞墓之一的索洛哈古墓，還曾經出土過一把由古希臘人製作的舉世聞名的金梳子。金梳子屬於公元前5至公元前4世紀，這個時期是古希臘藝術最繁榮的時期。梳子的上半部是一組表現西徐亞人戰鬥的群雕，這裡刻劃的是決戰關頭，一名騎兵和一名步兵迎戰剛剛失掉戰馬的敵人。雕像的細部處理得如此細膩入微，以至武士的每根頭髮、騎士鎧甲的每個節片、衣服上裝飾的鑲片、倒地馬匹頸部的傷口以及傷口流出的鮮血，都看得清清楚楚。

古代工匠透過對圖像之間距離的精確計算，實現了結構的統一，立體質感的和諧與平衡。兩塊金板夾著五隻獅子，作為主群雕的底座，並且形成向梳齒過渡的中間環節。

梳子上的兩匹馬塑造得很有特色，個頭不大，尾巴很長，鬃毛修剪得很短。騎手把馬猛然勒住，它用兩條後腿直立起來。那匹受傷的馬四腳朝天仰臥在地上。

1853年，在費奧多西亞附近進行發掘工作時，曾發現一副做工獨具匠心的耳墜。這副耳墜向世人展示了古希臘藝術的一個獨特技巧，這個技巧俗稱顯微技術。每一只耳墜都是一個裝飾華麗的圖片，其周邊佈滿幾排細

珠。圓片的裡面有八個精美的扇形花飾，底部有一個花結，而中心部分飾有花瓣很多的艷麗花朵。

每只耳墜的主要裝飾物是用顯微方法製作的多人物圖像。這上面表現的是雅典廣泛流行的一種體育比賽項目，四匹馬駕著一輛馬車奮蹄疾馳，趕車的是長著翅膀的勝利女神尼刻。在她的右側站立著手持一個大盾牌的武士，眼看地就要跳下馬車，以便自己向終點綵帶衝刺。

古代工匠在耳墜上完成了諸如武士盾牌上的紋飾這樣的細節，甚至就連女神翅膀上的每根羽毛都畫上去了。「費奧多西亞耳墜」上的金銀細珠，小得不用放大鏡是看不見的，只有在高倍放大的情況下，才能看出這些小珠是四個一組分行排列的。正是這些細微的裝飾給「費奧多西亞耳墜」帶來了世界聲譽，然而古希臘工匠發明的這種顯微技術後來卻失傳了。

這副耳墜從費奧多西亞發掘出來之後，彼得堡和巴黎的許多珠寶工匠都曾試圖仿製這件首飾，但由於不瞭解古代工匠使用的焊接方法和焊藥的成分，這種嘗試終告失敗，著名的卡爾·法貝爾熱試圖仿製「費奧多西亞耳墜」

也遭到失敗。他沒能完成佈滿細珠的半月形飾件。

在那件古代傑作上，細小得肉眼幾乎看不見的金水均勻地分佈在整個表面上。法貝爾熱在仿製時，就連三個金珠都沒能夠焊接上去，這些細珠總是熔在一起，並且焊不到耳墜上面。

法爾貝熱運用他那個時代的技術成果，例如：光學儀器，可是古代工匠可沒有這些高科技，他們是運用什麼技術把細珠焊到耳墜上的呢？那個時代的科技到底達到了一個什麼樣的程度？這些至今仍然不為人知。

15 聖斯特芬王冠

聖斯特芬王冠是匈牙利人民的一件國寶。1978年，它在美國待了33年之後，才回到布達佩斯。1981年，專家們對它做了檢查，認為這頂從海外回歸的王冠根本不是羅馬教皇西爾威斯特二世，送給匈牙利國王斯特芬的那頂。

既然是匈牙利的國寶怎麼會在美國呢？而且還在美國待了33年。

公元1301年，瓦茨拉夫二世把這頂王冠帶到波希米亞，然後又把它移交給巴伐利亞王子奧托。據某些歷史學家推測，巴伐利亞王子把王冠丟失在一個沼澤裡，過了許久以後人們才找到它，但已經被損壞。公元1739

年，國王艾伯特的遺孀把王冠移交給弗里德里希四世皇帝，他把它存放在維也納皇宮裡。當公元1780年約瑟夫二世登上匈牙利王位時，弗里德里希四世把王冠交到了王室寶庫。公元1848年獨立戰爭期間，聖斯特芬王冠被藏到一個如今劃入羅馬尼亞版圖的地方，後來被送回維也納。

這頂王冠最後一次被派上真正用場是在1916年，奧匈帝國皇帝查理一世用它舉行加冕禮。當時在博德的皇宮中專門為它準備出了一間房子，派24個人保衛，它在那裡一直存放到1944年。當蘇聯紅軍部隊逼近布達佩斯時，匈牙利的貴重物品裝滿一列火車，準備運往美國。在這批物品當中有一只沉甸甸的黑木箱，被萬無一失地鎖著並被嚴密地護衛著，那裡面裝的就是聖斯特芬王冠。

是不是太誇張了，運送一個王冠要如此勞師動眾？它到底是由什麼貴重材料組成的？不用說大家也猜到了，肯定不會是破銅爛鐵之類的東西。

這頂王冠由兩部分組成，而這兩個部分原本是單獨存在的。王冠的上半部用兩片薄薄的金片製成，刻有花紋，形似頭盔。公元1000年，羅馬教皇西爾威斯特二世，把它戴到第一位匈牙利基督教國王斯特芬的頭上，

以表彰他皈依基督教。公元1083年國王斯特芬加冕登基時，這頂獨一無二的王冠具有特殊意義。

王冠的下半部很像一件頭飾，是75年後拜占庭皇帝米哈伊爾·都卡送給國王格澤一世的，以表示承認匈牙利國王與自己地位平等。王冠下半部環繞在額頭上，是用飾有珍珠的黃金條帶製作，它的上部裝有覆蓋著藍綠兩色隔條琺瑯的三角形和半圓形。金條帶中間嵌有大顆寶石和拜占廷風格的琺瑯畫，畫面上是基督教聖徒的臉部。

大約在公元7世紀初，這兩頂王冠合二為一。王冠的頂上後來又裝了一支雙重十字架，這使得匈牙利國王的權力具有了更高的權威。王冠的每一邊都垂掛著金鍊條，上面綴有紅寶石掛飾。

怪不得匈牙利人對它如此小心謹慎呢！的確是一件價值連城的國寶。但是它經歷了太多的變故，王冠的個別零件受到了損壞，十字架也彎曲了。20世紀50年代初，匈牙利政府向美國提出歸還聖斯特芬王冠的要求，美國死也不答應。直到1978年，它在美國待了33年之後，才回到了布達佩斯，現存放在塞切尼國家博物館展廳裡。

　　這頂王冠的圖像，一直是匈牙利國徽不可分割的組成部分。

　　被歸還的王冠到底是不是真的？如果它是假的，那麼真的又在哪裡？

　　一些專家推測：真的王冠可能早在1045年國王斯特芬死後就送回了羅馬，只不過它究竟在何處，至今仍是一個謎。

16 斯捷潘‧拉辛寶藏

斯捷潘‧拉辛是17世紀俄國農民起義領袖，曾率領哥薩克窮人轉戰伏爾加河流域。1670年領導農民戰爭，顯現出他的軍事才能和組織才能，後被哥薩克人出賣給沙皇政府，在莫斯科被處決。

隨後引發了對一些稀奇古怪、神祕莫測的現象進行考察。當劊子手的助手們把斯捷潘‧拉辛的弟弟弗洛爾‧拉辛推上斷頭台時，他突然聲嘶力竭地喊道：「我知道我哥哥的書信和財寶的祕密。」

弗洛爾‧拉辛的死刑馬上被暫緩執行，兩天之後從他的口中得知一筆寶藏的祕密。沙皇阿列克謝‧米哈伊洛維奇對這筆寶藏極其感興趣。

　　拉辛的財寶多得不計其數。有一些民間迷信傳說：這位江洋大盜把他的財富藏在「拉辛嶺」一個很深的地窖裡，至今這些「被咒語鎖住的」財富仍舊藏在那裡。「斯捷潘・拉辛本人至今還活著，正待在山裡的什麼地方守護著他的家當。」著名的俄羅斯童話故事收集者亞歷山大・阿法納西耶夫，還根據這件民間傳說寫出有關藏寶的種種傳奇故事。

　　關於斯捷潘・拉辛的財寶有許許多多故事，但至今沒有一處藏寶被發現，雖然藏寶的確切地點和藏寶時念的「咒語」都似乎已經為人所知。但是人們就是找不到這些財寶，就連捷潘・拉辛本人的「遺囑」也無法幫助人們找到這些財寶。

　　他的遺囑上說：「我，斯捷潘・季莫菲耶維奇・拉辛，從阿拉特里城出發，沿蘇拉河上行，行至一條叫特蘭斯列伊卡的小河（離阿拉特里市30俄里），向莫爾德文打聽了何處可渡蘇拉河，然後我率領我的全軍過了河。

　　我涉水走進山裡，發現一處山泉，我們曾在此處住過一年半，但這塊地方我們沒看上。我們找到一個飼養野蜂的人，他告訴了我們一個合適的地方，於是我們走了四天，來到一座山下，然後又翻過了一座山，這座山

裡有一處清泉流向南方，山上有兩間茅屋，坐北朝南
……在一塊狹長的淺灘上（我們在兩個深谷之間）栽有
三棵蘋果樹，半山腰放著一些撬棍、木釘、平頭鍬，一
塊銅板，山上有一頂鐵盔。這裡有一個木樁，是一棵柞
樹被用鑽子鑽通，並用一塊黑色柞木釘死，這裡放著槍
管和炸彈，這裡還挖了個出口，出口挖好後加了頂蓋，
封死，鋪上柞木板，這裡存放著公款，40萬銅圓，還有
阿拉塔裡管家的4萬銅圓，有伊萬的兩箱衣服，還有一
箱貴重珍珠紐扣以及別的值錢東西。

　　還有四普特特種珍珠和七支獵槍，我的一支獵槍放
在右邊角落裡，裝上了子彈，槍口堵著草。中間是聖母
像，飾有各種鑽石，那是無價之寶。如果有人貿然走到
藏寶地點，就會立刻發生震動。

　　要想挖到這筆寶藏，先要找到樹樁，然後騎上白馬
把這筆4萬銅圓散發出去，散發完畢後，用我那支獵槍
開槍射擊，並說一聲：『斯捷潘·季莫菲耶維奇·拉
辛，永垂不朽！』然後砍掉馬頭……事先要做三次祈
禱，分別向聖母、天使米琪爾、奇蹟創造者尼古拉做祈
禱。」

　　「遺囑」中沒有說應當如何開槍射擊，也沒有說該如何處置聖像，有些故事中說應當朝聖像開槍射擊，然後徒步把聖像送往基輔。只有這樣做了之後才可以去拿那些財寶，但是至今仍沒有人找到這筆寶藏。

17 法門寺的地下寶藏

1987年4月2日上午，一支考古隊的工人們在清理法門寺內，一座倒塌的塔基時發現了一些古代的石板。他們從石板縫裡看過去，起初看到一些閃光的東西，後來用手電筒照下去，才確認那是一些金銀複製品。

第二天考古學家韓偉趕到現場，他在該寺地基的南部發現了一個地下室入口。接下來的發掘工作使一座藏在石板以下20公尺處的稀世寶庫得以重見天日，中國的這一項驚人的發現轟動了全世界。

這些石板掩蓋著一座地下密室，它是中國境內歷年發現的密室中最大的一座，面積達30多平方公尺。

　　寶庫裡到底裝著什麼，會引起全世界的注意呢？金銀財寶好像都沒有這麼大的影響力，那麼這個巨大的寶庫裡會是什麼呢？

　　考古學家和他的同事們一起走進密室裡的石梯，通道兩邊各有一塊高約120公分的石板。他們在一塊石板上發現了公元873年搬運舍利的畫面，以及該寺的一些歷史場景。另一塊石板上是唐朝歷代皇帝及大臣們送給該寺的物品清單。

　　通道的盡頭是一堵密封的石門，裡面還會裝著什麼驚世駭俗的寶物呢？

　　一週以後，工人們打開了第一道石門，門裡邊有三間儲藏室，存放著金器和銀器121件，玉器和寶石製品400件，石器12件，瓷器16件，絲綢若干和許多其他無價之寶，器物的數量與石板上所列清單相符。

　　在中國還從來沒有發現過這麼多的古代珍寶，而且其中大多數都是「國寶中之除了珍寶之外，那塊石板上還說明這個地下寶庫內還安放著佛陀的遺骨。考古人員經過仔細尋找後，在地宮遠處角落裡發現一只箱角包銀，並由兩尊石像護衛的檀木箱子。箱內還有一只尺寸較小的包金箱子。

　　考古學家韓偉後來講述道：「我總共打開了7個箱子，這些箱子一個套著一個，打開第7個箱子才看到一座單層的、頂上鑲有一顆珍珠的小金塔。塔的底座上有一張銀製托盤，裡面盛著一小塊骨頭。根據石板上的文字說明，這一小塊骨頭（長4.03公分，重16克）是釋迦牟尼佛的一塊指骨。」

　　考古人員在第二個室一只很小的大理石棺裡發現了另一塊骨頭。他們在後室的隱蔽屋頂內，發現了一只蒙蓋著金線刺繡的鐵箱子。這只箱子裡有一個表面上飾有45尊佛陀弟子鍍金像的銀匣。銀匣蓋上刻有如下文字：「此匣乃遵照聖旨為安放釋迦牟尼遺骨而敬制。」

　　但這只銀匣並非最後一只，它裡面還裝著一只檀香木匣，木匣裡又裝著一個四角飾有寶石和珍珠的小水晶棺，然而這個小水晶棺還不是最後一個。小水晶棺還套著一個玉石棺，裡面裝著第三塊遺骨。第四塊遺骨，是在一個飾有彩繪的四層微型寶塔的前室內發現的。

　　看到這些遺骨和文物考古學家都呆住了，他們面臨著幾個謎團，迫切地需要解開。

　　第一，公元前873年發生了什麼事？為什麼舍利子會出現在法門寺的地下室裡？不過這個問題是很容易找

到答案的。

在中國的唐朝，歷代皇帝通常每隔三十年，就會把舍利子從皇家寺廟移到皇宮中朝拜。祈求天下風調雨順、國泰民安，保佑自己萬壽無疆。

公元871年，唐朝第十八代皇帝懿宗也不例外，他下令將法門寺的釋迦牟尼遺骨舍利子移往唐朝的國都長安。

搬運佛舍利子的準備工作持續了兩年，這期間製造了豪華的車輦，上面飾以黃金、玉石、珍珠、漂亮的窗簾和綵帶。車馬組成的不見首尾的行列從寺廟出發，日夜兼程趕往長安。

舍利子先被安放在宮裡，然後再移放到長安的皇家寺廟。大臣和高官們在送禮方面相互攀比，送來的都是做工精巧的金銀製品、玉器、瓷器及精美的絲繡。

但是懿宗並沒有求來佛陀的恩典，當年就去世了，還沒有來得及把佛舍利子送回原處。新登基的僖宗把舍利子移回法門寺，並下令把它封存在一座塔的地下室裡。從那時起，舍利子所在的地點一直嚴格保密。

第一個謎團解開了，但是考古學家又面臨著第二個謎團：這些舉世聞名、絕無僅有的佛陀指骨怎麼會出現

在法門寺呢？

　　古代有一個傳說：印度孔雀王朝的阿育王是一位佛教的熱情保護人，他把釋迦牟尼的遺骨分成84000份。為了在全世界傳播佛教，他借助神力巧妙安排，以致一夜之間出現了84000座舍利塔，每座塔都放置一塊遺骨。中國共有19座這種塔，而法門寺內的舍利塔排名第五。

　　但這座塔的來歷仍然是個謎。史料上記載，這座塔早在法門寺建造之前，公元147年至167年東漢桓帝在位時就有了。而且從一開始就已知佛的指骨舍利子就葬在這座塔下。

　　這件珍貴文物本來在漫長的歲月中一直被精心地保護著，可是在「文化大革命」時期，1966年9月的某一天這個寶庫遭到了破壞。

　　瘋狂的人群闖入寺內，試圖從方丈梁青口中問出寶庫的位置，梁青拒絕向他們招供。為了抗議殘暴和凌辱，他自焚而死，然而暴徒們並沒有善罷干休。他們拿起鋤頭和鐵鍬，在塔基周圍掘地3尺，但一無所獲。

　　1987年4月考古人員清理該塔的基礎。他們在夯實的黏土層裡發現了暴徒們丟下的花生皮和瓜子皮。這一層黏土距離地下寶庫僅有60公分，正是這幾十公分使無

價之寶倖免於難。

除了佛陀的遺骨外，學者們還發現一根長約2公尺、內含1740克白銀和60克黃金的禪杖。製造這根刻有釋迦牟尼十二弟子像的禪杖用去了9個月的時間。

在出土的珍稀文物中，有一個直徑1.54公尺、重6000多克的浴盆很搶眼，它的兩個手柄做成一朵金花和一隻鴛鴦鳥形狀。一只重達19公斤的銀香爐也頗受考古學家們青睞，香爐上半部有5隻鍍金烏龜睡在蓮花上——這種構圖象徵長壽和康樂。

出土的絲綢也令考古學家們驚歎。這種絲綢裡織進了比人的髮絲還細的金絲，金絲纏繞在絲線上。在一塊長1公尺的絲綢上，學者數出了3000圈金絲。

雖然關於中國這座塔內佛陀舍利的資料史書上早有記載，但這次發現仍然出乎意料。首先出人意料的是，獻給佛陀的供品在數量上和質量上都超過了歷來的唐代出土文物。

舍利塔的來歷是一個難解的謎。是誰在什麼年代建造了它？這些舉世聞名、絕無僅有的佛陀指骨怎麼會出現在中國的法門寺呢？真的像傳說中的那樣，是印度孔雀王朝的阿育王借助神力巧妙安排，於一夜之間出現了84000座舍利塔，而每座塔內都放置一塊遺骨嗎？

永續圖書
線上購物網

www.foreverbooks.com.tw

※為保障您的權益，每一項資料請務必確實填寫，謝謝！

姓名			性別	□男　□女
生日	年　　　　月　　　　日		年齡	

住宅地址	郵遞區號□□□

行動電話		E-mail	

學歷

□國小　　□國中　　□高中、高職　　□專科、大學以上　　□其他＿＿＿＿＿

職業

□學生　　□軍　　□公　　□教　　□工　　□商　　□金融業
□資訊業　□服務業　□傳播業　□出版業　□自由業　□其他＿＿＿＿＿

謝謝您購買 ＿＿＿＿**那些被神遺忘的傳奇寶藏**＿＿＿＿ 與我們一起分享讀完本書後的心得。務必留下您的基本資料及電子信箱，使用我們準備的免郵回函寄回，我們每月將抽出一百名回函讀者，寄出精美禮物以及享有生日當月購書優惠！想知道更多更即時的消息，歡迎加入"永續圖書粉絲團"

您也可以使用以下傳真電話或是掃描圖檔寄回本公司電子信箱，謝謝！

傳真電話：（02）8647-3660　　　電子信箱：yungjiuh@ms45.hinet.net

●請針對下列各項目為本書打分數，由高至低5～1分。

　　　　　　 5 4 3 2 1　　　　　　　　　　　　 5 4 3 2 1
1. 內容題材　□□□□□　　　2. 編排設計　□□□□□
3. 封面設計　□□□□□　　　4. 文字品質　□□□□□
5. 圖片品質　□□□□□　　　6. 裝訂印刷　□□□□□

●您購買此書的地點及店名＿＿＿＿＿＿＿＿＿＿＿＿＿＿＿＿＿＿＿＿

●您為何會購買本書？

□被文案吸引　　□喜歡封面設計　　　□親友推薦　　　□喜歡作者
□網站介紹　　　□其他＿＿＿＿＿＿＿＿＿＿＿＿＿＿＿＿＿＿＿＿

●您認為什麼因素會影響您購買書籍的慾望？

□價格，並且合理定價是＿＿＿＿＿＿＿＿　□內容文字有足夠吸引力
□作者的知名度　　　□是否為暢銷書籍　　　□封面設計、插、漫畫

●請寫下您對編輯部的期望及建議：

221-03
新北市汐止區大同路三段194號9樓之

傳真電話：（02）8647-3660
E-mail：yungjiuh@ms45.hinet.net

培育

文化事業有限公司

讀者專用回函

那些被神遺忘的傳奇寶藏

培養文化育智心靈的好選擇